保险问道
之 困境资产投资

中国保险资产管理业协会 ■ 编著

中国财经出版传媒集团
中国财政经济出版社

图书在版编目（CIP）数据

保险问道之困境资产投资／中国保险资产管理业协会编著． -- 北京：中国财政经济出版社，2021.5
ISBN 978 - 7 - 5223 - 0423 - 6

Ⅰ.①保⋯　Ⅱ.①中⋯　Ⅲ.①保险投资－研究　Ⅳ.①F830.59

中国版本图书馆 CIP 数据核字（2021）第 047028 号

责任编辑：郁东敏　　　　　责任校对：胡永立
封面设计：中通世奥　　　　　责任印制：刘春年

保险问道之困境资产投资
BAOXIANWENDAO ZHI KUNJING ZICHANTOUZI

中国财政经济出版社 出版

URL：http：//www.cfeph.cn
E - mail：cfeph@cfemg.cn

（版权所有　翻印必究）

社址：北京市海淀区阜成路甲 28 号　邮政编码：100142
营销中心电话：010 - 88191522
天猫网店：中国财政经济出版社旗舰店
网址：https://zgczjjcbs.tmall.com
北京时捷印刷有限公司印刷　各地新华书店经销
成品尺寸：170 mm × 240 mm　16 开　16.25 印张　202 000 字
2021 年 5 月第 1 版　2021 年 5 月北京第 1 次印刷
定价：78.00 元
ISBN 978 - 7 - 5223 - 0423 - 6
（图书出现印装问题，本社负责调换，电话：010 - 88190548）
本社图书质量投诉电话：010 - 88190744
打击盗版举报热线：010 - 88191661　QQ：2242791300

编委会

主　　任：曹德云
副 主 任：于春玲　张　坤　陈国力
委　　员：王　楠　郑华玲　王国言　梁风波　康　乐
　　　　　张　征　王　莺　李子祎

主　　编：张　坤
副 主 编：王　楠　郑华玲　梁风波　罗　名　王国言
全书统稿：王　楠　梁风波　寿静菁
执 笔 人：（按照姓氏笔画排序）
　　　　　王林豫　王伟超　邓燕彬　任　宏　许　争
　　　　　朱小钰　陈子扬　李　刚　李秋哲　封小海
　　　　　金　钊　罗　名　尚大浩　周原旭　高仁航
　　　　　顾苏琦　郭文星　倪旭君　唐　诗　陶　鹜
　　　　　夏鸿曲　梁　坤　潘琪峰
研究支持：（按照姓氏笔画排序）
　　　　　马　炜　江　超　孙　楠　陈晓雪　李洁璘
　　　　　李　珊　李　敏　李晓晔　张艳如　郑　杰
　　　　　姜　昆　徐耀耀　徐仔倩　游念东

PREFACE 序言一

2020年是极不平凡的一年。面对严峻复杂的国际国内形势,特别是新冠肺炎疫情的严重冲击,我国上下一心、攻坚克难,最终使经济运行持续稳定恢复,同比2019年增长2.3%,成为全球唯一实现经济正增长的主要经济体。我国金融行业继续深化促进高质量发展,积极应对新冠肺炎疫情冲击,继续保持稳健运行的良好态势。保险业继续稳步发展,截至2020年末,保费收入达4.5万亿元,同比增长6.1%,保险资金运用余额21.7万亿元,同比增长17%;服务实体经济质效持续提高;行业风险指标处于合理区间,风险抵御能力进一步增强。

但也应该看到,我国经济发展已进入增速换挡、供给侧改革深入推进、经济结构转型升级的关键时期,叠加疫情冲击和外部环境变化,部分企业面临杠杆高、转型慢、融资难等问题,以银行不良贷款为主体、非银行金融机构和非金融企业等多类供给渠道的困境资产大量涌现。国际实践表明,我国困境资产投资行业正处于一个新的重要时期。从行业发展看,困境资产规模持续增长,急需加大处置力度。截至2020年末,不良贷款余额3.5万亿元,较年初增加2 816亿元,预计未来一段时间困境资产的供给还将进一步增加。从政策环境看,多部委已相继出台系列支持政策,从参与困境资产投资机构类型、业务模式、资金来源等方面,推动社会资本积极参与困境资产处置化解。从参与主体看,参与机构数量增多、类型更加多元,逐渐形成以五大AMC为主力、"5＋2＋AIC＋N"[①]的市场格

[①] "5＋2＋AIC＋N"指的是五大AMC、各省最多可设两家地方AMC、银行系AIC以及其他市场化投资机构。

局，同时加入了信托、证券、私募、基金、外资机构、互联网金融公司等群体，产业链条逐渐丰富，生态体系日渐完善。从行业特点看，困境资产具有投资周期长、风险相对可控、处置收益高等特点，能较好地匹配保险资金期限较长的特点，满足资产负债匹配、风险可控、收益稳健等需求。尽管保险资金参与困境资产投资尚处于探索阶段，参与主体不多，投资规模不大，业务模式尚不丰富，但在利率下行和"资产荒"的背景下，通过不断实践积累，探索从直接和间接两种路径参与困境资产投资，可为保险资金大类资产配置提供崭新视角。

中国保险资产管理业协会（以下简称"协会"）自成立以来，始终坚持聚焦前沿热点问题，引领行业前瞻研究，推动跨业协同合作。2020年初，由协会和行业发展研究专委会共同筹划，主任委员单位中再资产牵头，组织多家保险机构、投资管理人共同启动"保险资金参与困境资产投资研究"，历时近一年，现已完成课题报告。在当前疫情冲击、经济增速下行、低利率环境下，探讨发挥保险资金长期稳定优势、参与困境资产投资，对研究参与化解不良资产处置压力、推动金融市场稳定和风险防范、优化保险资金配置结构和抗周期能力等具有重要价值和现实意义，也体现了保险公司、保险资管机构共同的创新需求。希望本课题研究能够为保险资金参与困境资产投资探索可行路径、探究制约因素、探讨优化建议，共同打造保险行业与困境资产行业协同发展的新业态、新生态。

中国保险资产管理业协会
执行副会长兼秘书长
2021 年 1 月

PREFACE 序言二

作为行业发展研究专业委员会的主任委员单位,能够得到中资协领导信任,由中再资产来牵头并参与本课题的研究,我们感到非常荣幸和欣慰。对业界而言,课题研究是探索问道的过程,对中再资产而言,参与研究更是交流提高的过程。在课题组经受新冠疫情特殊考验,克服各种困难,高质量完成研究成果的时候,我既高兴又感慨,感触良多。

保险资金源自保费收入,提供保障功能、服务支持保险业务发展是保险资金不变的初心。在投资运营过程中,保险资金一直坚守审慎态度和稳健准则。在我国保险资金发展历程中,保险资金主要投资于常规资产,近年来在政策的鼓励支持下,投资范围不断拓宽,投资方式探索创新,但对于如何投资参与困境资产,对保险资金而言仍是新兴领域。"困境"二字本身就蕴含着风险、难度,对于天然具有低风险偏好的保险资金而言,其与投资困境资产的关联度并不高。

随着供给侧改革深入推进、双循环新格局加快构建、"碳达峰"和"碳中和"责任担当、RECP开放步伐不断加快,"十四五"时期我国经济发展将处于大变革之中。过去四十多年,我国经济快速发展,其中自然伴随着困境资产的大量积累。经济结构深化调整意味着旧产能面临调整出清,产业持续转型升级意味着重组换代,这个过程必然要经历阵痛,也只有阵痛后,那些困境资产才能破茧重生。本课题研究发现,国内市场困境资产规模快速增长,已超过困境资产处置提升速度。保险资金作为重要的长期机构资金,积极参与困境资产投资将有利于困境资产的纾困、解困、除困、破困,助推困境资产走出困局,在变局中开创新局。

困中有机,解困有道。从空间角度,对于困境资产,在不同地区、不同领域,有的人将其看作是过剩产能、不良资产,而有的人则认为是机会资产,如同"甲之蜜糖,乙之砒霜"。例如,一些资产在我国某些地区是产能过剩的,但在国内其他区域或其他国家则是急需的。从时间角度看,困境资产可看作是周期循环复始的中间产物。繁荣期的急剧扩张,成为萧条期的烫手山芋,但也是复苏期的希望资产。"困"字本身就是树木被围住,接触不到空气,享受不到阳光,然而,如果有一只有力的手,以战略思维、有效方式,通过时空转换,打开困局,破除困境,则无源之木必然会迎风成林。如何解困,也不是说说就能做到的,必须要有解围之"道"。"道"包含了人和器。"人"即专业化的投资团队,要有妙手回春、起死回生的本领;"器"则意味着资本,在去杠杆的环境下,对于困境资产而言,想投、敢投、能投的资本更是稀缺的昂贵资源。从保险行业来看,保险资金规模大、期限长,是其优势,但也面临现实需求。人身险的负债久期约为 12.44 年,资产久期约为 5.77 年[①]。久期缺口较大,资产错配突出,尤其在长期低利率的环境下,保险企业的再投资和新增资产投资都面临较大压力。因此,参与困境资产投资,对保险资金来说,既是机遇,又有挑战。机遇在于,有能力的机构有望点石成金;挑战在于,面对风险有可能得不偿失。

在"十三五"收官、"十四五"开局之际,保险资产管理行业协会组织开展保险资金参与困境资产课题研究,具有较强的前瞻性,对行业未来发展具有重要的指导和实践意义。本次课题研究基于行业发展初衷,汇聚行业观点,碰撞思想火花,融合了国内外顶尖困境资产投资机构的成熟经验,凝聚了行业内外的重要共识。研究成果发布于"十四五"之初,我相信在当下百年未有之大变局中,该

① https://insurance.hexun.com/2019-11-29/199469021.html。

研究成果将为保险资金投资开辟新路径进行有益探索，为保险资金如何参与困境资产投资提供案例参考。

于春玲
中国保险资产管理业协会行业发展研究专委会主任委员
中再资产管理股份有限公司党委书记、总经理
2021 年 1 月

CONTENTS 目录

第一章　引言 ·· 1
　第一节　困境资产投资的概念界定 ··· 1
　第二节　困境资产投资的研究背景和意义 ·· 3
　第三节　困境资产投资研究的框架和内容 ·· 6

第二章　国外困境资产市场发展及经验借鉴 ·· 8
　第一节　国外困境资产市场的发展历程 ··· 8
　　一、美国市场 ··· 8
　　二、欧洲市场 ·· 14
　　三、亚洲市场 ·· 17
　第二节　国外困境资产投资主要策略和案例简析 ···································· 22
　　一、困境债权投资策略 ·· 22
　　二、困境实物资产投资策略 ·· 25
　　三、困境股权投资策略 ·· 26
　　四、小结 ·· 29
　第三节　国外困境资产市场的发展现状 ·· 30
　　一、全球困境资产私募基金新增募集规模保持高位 ···························· 30
　　二、全球困境资产私募基金资产管理规模持续增长 ···························· 31
　　三、疫情推动困境资产投资策略配置意愿快速提升 ···························· 32

第三章　国内困境资产投资市场发展概况 ·· 34
　第一节　国内困境资产投资发展历史及趋势 ··· 34
　　一、国内困境资产投资发展阶段 ·· 34
　　二、国内困境资产投资行业参与主体及产业链条 ······························· 38

第二节 国内困境资产投资发展现状 ·· 41
  一、国内困境资产投资行业的新形势 ···································· 41
  二、国内困境资产投资行业的新变化 ···································· 46
  三、当前国内困境资产投资的收益表现 ·································· 48

第四章 保险资金参与困境资产投资的实践与思考 ························ 57
第一节 保险资金参与困境资产投资的战略机遇 ···························· 57
第二节 保险资金参与困境资产投资的现状 ································ 60
  一、保险资金参与困境资产业务现状 ···································· 61
  二、尚未开展困境资产投资的保险机构核心关注因素 ······················ 65
  三、保险资金进一步参与困境资产投资面临的制约因素 ···················· 67
  四、保险资金参与困境资产投资对监管政策的期望 ························ 68
  五、推动保险资管行业发展困境资产投资的支持因素 ······················ 69
第三节 保险资金参与困境资产投资的路径分析 ···························· 70
  一、保险资金间接参与困境资产投资的路径分析 ·························· 70
  二、保险资金直接参与困境资产投资的路径分析 ·························· 74
第四节 保险资金参与困境资产投资的能力建设 ···························· 76
  一、资产认知能力 ··· 77
  二、组织决策能力 ··· 78
  三、大类资产配置能力 ··· 80
  四、投资研究能力 ··· 81
  五、管理人选择能力 ··· 82
  六、风险管理能力 ··· 83
  七、法律风险识别与处置能力 ··· 84
  八、投后管理能力 ··· 85
  九、信息化建设能力 ··· 87
第五节 保险资金参与困境资产投资的问题与建议 ·························· 87
  一、投资品种现有政策规定的适用性问题 ································ 88
  二、偿二代工程底层资产的认定问题 ···································· 91
  三、困境资产投资行业的发展阶段问题 ·································· 94

第五章 保险资金参与困境资产私募股权基金实务分析 …… 96

第一节 投前阶段 …… 97
一、投前准备工作 …… 97
二、尽职调查工作 …… 99
三、投资风险评估 …… 106
四、投资价值评估 …… 107

第二节 投中阶段 …… 107
一、确定协议条款 …… 108
二、确定风险解决方案 …… 109
三、签署交易文件 …… 109

第三节 投后阶段 …… 110
一、日常投后管理 …… 110
二、突发事项投后管理 …… 111
三、深入业务交流与战略合作 …… 112

第六章 保险资管机构（作为管理人）开展困境投资业务的探索与思考 …… 114

第一节 保险资管机构作为管理人参与困境投资业务现状 …… 114
一、管理人主体情况 …… 114
二、政策制度规范 …… 115
三、产品现状 …… 118

第二节 保险资管机构开展困境投资业务的全流程分析 …… 119
一、产品设计 …… 119
二、募集资金 …… 121
三、投资策略 …… 122
四、投后管理 …… 123

第三节 保险资管机构开展困境投资业务的优势及难点 …… 125
一、优势分析 …… 125
二、难点分析 …… 128

第四节　保险资管机构开展困境投资业务的下一步探索 …… 131
一、丰富产品类型 …… 131
二、培育专业队伍 …… 132
三、探索参与一级市场 …… 133

第七章　结语 …… 134

附录一　困境资产政策梳理 …… 137

附录二　国内外困境资产投资典型案例综述 …… 143
第一节　国外困境资产投资典型案例 …… 143
第二节　国内困境资产投资典型案例 …… 153

附录三　保险资金参与低效资产运营管理研究 …… 188
第一节　低效资产定义和市场情况 …… 188
第二节　低效资产法拍途径处置数据归纳和分析 …… 190
第三节　低效资产运营优质案例 …… 194
第四节　保险资金参与低效资产投资的意义及思考 …… 199

附录四　保险资金参与小微企业不良贷款投资研究 …… 201
第一节　小微企业贷款现状 …… 201
第二节　小微企业贷款不良率的量化分析 …… 208
第三节　小微企业贷款市场调查情况 …… 213
第四节　小微企业不良贷款处置新模式 …… 215
第五节　建议 …… 221

附录五　保险资金参与高收益债投资研究 …… 223
第一节　高收益债起源及市场 …… 223
第二节　高收益债与困境投资 …… 227
第三节　保险资金投资高收益债 …… 231

第四节　小结 ………………………………………………… 237

参考文献 ……………………………………………………… 239
后　　记 ……………………………………………………… 242

第一章 引言

第一节　困境资产投资的概念界定

困境资产投资的说法原创于高盛、摩根、橡树资本等国际金融机构，并没有客观严谨的学术定义。国际上，困境资产投资的范畴较为广泛，不仅包括一般意义上的困境投资，也包括其他可以挖掘投资价值的特殊机会投资。

从我国实际情况来看，自20世纪末90年代的金融风险处置开始，"不良资产管理"行业早已为人熟知，但是从更宏观角度以及从与实体经济结合更紧密的角度看，"困境资产投资"可能是一个更合适的概念。在我国，传统上的"不良资产"主要指银行/金融机构表内的不良债权资产，侧重于金融业不良资产。而困境资产投资，则从更广义的视角，可理解为"受经济周期、产业调整、经济政策、企业债务人自身偿付能力等因素的影响，可投标的的定价与估值之间呈现错位，产生价格商榷空间和价值提升空间，从而形成的投资机会"。

综合国内外的投资实践，可以把困境资产定义为泛指交易价值低于账面价值、已陷入不同程度困境的资产，也经常被称为"问题资产""特殊资产"或"广义不良资产"。按照上述定义，在困境资产投资行业的产业图谱中（见图1-1），既包括金融企业的不良资产，也包括非金融企业的不良资产；既包含传统意义上的狭义"出现减值"的"不良债权资产"，同时也有"价值低估、具有短期变现需求、存在高不确定的升值潜力"的收益权、实物、高收益债或违约债券等资产。

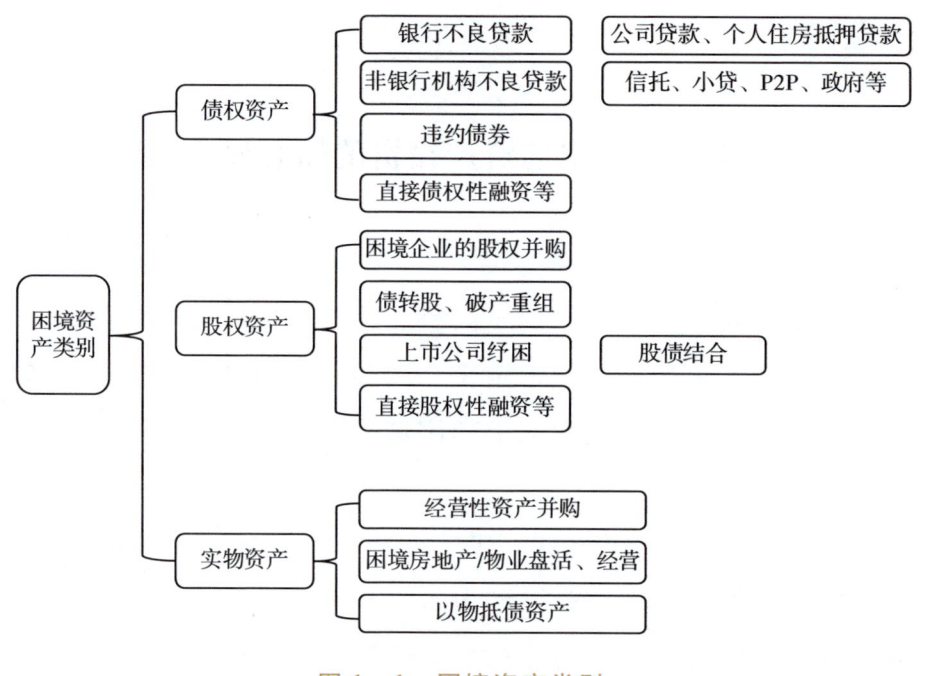

图1-1 困境资产类别

资料来源：课题组整理。

困境资产投资机会是资源错配的结果，时间、空间、团队、资本和资产的错配。困境资产投资本质是一个赋予"困境资产"转让流动性、在"时间"和"空间"两个方面对困境资产价值重新发现和再分配的过程。困境投资行业发展的外部环境需要有两个方面催化因素：一是出现阶段性的价格下跌低于实际账面价值的情况；二是资产持有方有极强的变现需求。行业进入者所获得的价值是资产价值和价格之差异在空间和时间两个维度上的再分配。这样的差异可能由经济周期决定，也可能由于出售方希望快速低价交易以换取其他资源，如金融机构为释放资本金和信贷额度、降低不良率，企业为快速回收流动性等。除经济周期外，金融监管政策的变化（如对不良贷款暴露真实性的要求、资本监管的强化）、金融市场环境的短期波动，也会影响困境资产投资市场的供求。

第二节 困境资产投资的研究背景和意义

尽管在我国困境资产投资已不是一个全新的事物，但对保险资金参与困境投资而言，意味着创新探索，值得深入研究思考。

首先，需要对国内外困境投资实践进行深入梳理总结。发达国家和经济体的困境资产投资有了长期的实践，经历了多轮起伏和多个发展阶段，产品完善、模式成熟、经验丰富，值得总结学习。国际上，困境资产投资兴起于20世纪90年代的高收益债危机，并逐渐扩展到亚洲（1997年亚洲金融危机）和欧洲市场（2008年金融危机和2010年欧债危机），现在已成为美国较为成熟的投资流派。困境资产的大规模增长引起了各国监管部门的高度重视，有序处置困境资产成为化解经济、金融风险的重要举措之一。处置方式上，由早期的政府主要参与，逐步发展为政府引导、市场化主体共同参与的成熟模式。其中，国外保险资金也深度参与，是困境资产行业的重要参与者，对困境资产行业的发展起到了重要推动作用。我国困境资产投资实践从早期政策主导的探索，历经商业化转型，目前已步入全面商业化阶段，困境投资规模有了长足增长，投资主体不断丰富完善，投资产品不断创新，也为探索保险资金参与困境资产投资打下了坚实基础。

其次,需要对疫情后的困境资产投资形势进行前瞻研究。实践表明,当经济发展出现重大调整或危机之后,困境资产投资行业都将迎来快速发展。新型冠状病毒疫情的出现,使全球经济复苏进程短期面临较大冲击,不同类型的困境资产加速涌现。尽管我国经济已经率先走出疫情冲击,重新步入增长态势,但疫情冲击带来的影响并没有完全消退,疫情加快了传统行业的风险出清,也加速了经济结构的调整转型步伐。展望后疫情时期,需引导鼓励困境资产投资的快速发展,助力以不良资产为主体的困境资产加快处置,妥善化解金融风险。

对保险资金参与困境资产投资而言,迎来市场机遇的同时,也迎来了政策机遇。目前,我国困境资产行业发展得到了国家领导和监管机构高度重视和有力政策支持引导,保险资金参与困境资产投资完全符合国家政策引导和鼓励的大方向。2018年11月,习近平总书记在民营企业座谈会上提到,对有股权质押平仓风险的民营企业,有关方面和地方要抓紧研究采取特殊措施,帮助企业渡过难关。2020年4月,国务院联防联控机制举行新闻发布会,中国银保监会表示要加大不良资产的处置力度。2020年7月,中国银保监会在年中工作座谈会暨纪检监察工作(电视电话)会议中指出,要提早谋划应对银行业不良资产大幅增长;进一步落实落细各项金融纾困政策,聚焦暂时遇困但仍有前景的企业。2020年8月,央行党委书记、中国银保监会主席郭树清在《求是》刊文表示,要切实增强机遇意识和风险意识,有序处置重点领域突出风险,尽最大可能提早处置不良资产。与此同时,自2018年10月以来,监管机构合力推出一些系列政策组合拳,对实体经济进行纾困。在政策导向和政策环境下,保险资金需要因势利导,前瞻研究,稳妥布局。

再次,需要对保险资金更好支持实体经济发展有创新思考。在我国经济加速调整转型背景下，保险资金积极参与困境投资有利于更好地服务实体经济。深刻认识金融服务实体经济的重要意义，坚持服务国家战略和实体经济的导向，发挥保险业务和资金独特优势。做实体经济服务者和价值的发现者是保险资金的重要职责。在当前经济增速放缓、经济结构转型升级、供给侧改革深入推进的大形势下，金融机构应着力"六保"确保"六稳"。保险资金作为重要的长期资金，可结合规模大、期限长等特性，适应实体经济发展的不同需求，不断创新业务模式、保险资金运用方式，积极参与困境投资，支持处置不良资产、困境企业重组，有助于更好化解金融风险，更好地履行服务实体经济的责任。

最后，需要对缓解保险资金当前面临的配置压力有积极探索。低利率环境下，保险资金积极参与困境资产投资有利于优化保险资产配置。自2018年金融危机发生以来，全球经济缓慢弱复苏，叠加当前新冠疫情影响，经济发展面临更多困难和压力。根据IMF 2020年10月《世界经济展望》报告，2020年全球经济将萎缩4.4%，出现20世纪30年代"大萧条"以来最严重的经济衰退。为支持经济发展，全球主要经济体采取了低利率甚至负利率货币政策，我国利率也一度出现下行和明显波动。利率作为保险精算假设中的重要参数之一，直接影响着保险产品的定价、准备金提存水平、市场需求、投资收益率及公司的盈利能力。我国保险资金尤其是寿险资金"长钱短配"存在一定的久期缺口，低利率环境对保险资金配置带来了更多挑战，甚至可能会对行业可持续健康发展带来重大影响。困境资产具有投资期限长、回报率高、与其他资产类别弱相关等特点，参与困境资产投资将有利于进一步优化保险资金配置，提升投资收益，对冲低利率环境带来的风险。

近年来，部分保险机构也在困境资产投资领域开展了积极探索，在参与模式、产品设计、风险管理、能力培养等方面积累了一定经验，这些都需要我们进行系统总结与分享。

本课题通过全面梳理国内外困境资产投资市场的发展，深入调研保险资金的参与现状，探索保险资金参与困境资产投资的可行路径，总结投前、投中、投后业务流程与管理实务，剖析大量投资案例，思考保险资管机构作为管理人如何参与困境资产投资，旨在为保险机构系统理解困境资产的投资逻辑、全面把握"募投管退"全流程的投资实操、长远布局困境资产投资的能力建设和团队培养等，提供扎实的研究支持。同时，本课题对促进保险资金更好地服务实体经济，进一步优化资产配置、缓解当前投资压力，也具有重要的现实意义。

第三节　困境资产投资研究的框架和内容

本书主要包括七章和五个专题研究。

第一章主要介绍了困境资产投资的研究背景和意义，明确了困境资产投资的概念，并且从困境资产行业发展的角度，梳理了国内外困境资产发展历程、现状及新特点新趋势。

第二章介绍了美国及欧洲、亚洲地区的困境资产市场发展历程和现状，并对国际困境资产投资的主要策略进行了总结。

第三章梳理了国内困境资产投资市场发展概况，总结行业当前的新形势、新变化和投资表现。接下来，依托专项调研数据，分别从保险资金、保险资产管理机构参与的角度，分析了当前国内的参与现状、路径、问题及具体实操。

第四章结合调研数据梳理了我国保险资金参与困境资产投资现状，分析了保险资金的参与路径、能力建设等，研究了当前投资面临的问题及建议。

第五章从实操的角度，分别按照投前、投中、投后三个阶段对保险资金参与困境资产私募股权基金进行了全面分析。

第六章从保险资管机构（作为管理人）角度，对开展困境资产投资业务的现状、全流程、优劣势等方面进行探讨，并提出了相关建议。

第七章基于课题的研究，展望了保险资金参与困境资产投资的未来发展。

最后，五个专题分别从困境资产投资政策、典型案例及保险资金参与低效资产投资、小微企业不良贷款投资、高收益债投资等方面进行了研究分析。

第二章
国外困境资产市场发展及经验借鉴

第一节 国外困境资产市场的发展历程

一、美国市场

(一) 20世纪80年代储贷危机——美国资产重组托管公司 (RTC)

美国在经历了20世纪30年代的经济大萧条后,开始探索建立现代金融管理系统,而成立并发展储蓄与贷款协会(Savings and Loans Associations,简称"储贷机构")成为探索方式之一。储贷机构作为非银金融机构,在政府的监管下专门从事储蓄业务和住房抵押贷款业务,其设立之初是为了鼓励储蓄并对客户提供购房贷款。同时期,美联储颁布了"Q条例"①,旨在对存款利率进行管制。第二次世界大战后,美国储贷机构随着美国住房市场日益旺盛的需求而迅速发展。

---

① Q条例,是指美国联邦储备委员会按字母顺序排列的一系列金融条例中的第Q项规定。《1980年银行法》废除了Q条例,规定从1980年3月起分6年逐步取消对定期存款和储蓄存款的最高利率限制。

但从20世纪80年代开始，美国通胀率不断攀升，市场利率上升明显并远超"Q条例"设定的上限。1980年3月，美国制定了《存款机构放松管制的货币控制法》，决定逐步取消对定期存款利率的最高限制，即取消"Q条例"，推行利率市场化。1986年4月，存款储蓄账户的利率上限被取消。但储贷机构的业务模式为"短借长贷"，其负债端因利率市场化出现资金成本上升，无法匹配其资产端的长期固定抵押贷款利率。"Q条例"废除后，储贷机构间竞争加剧导致整体经营情况下滑，开始出现"倒闭潮"。20世纪80年代，超过1100家储贷机构破产或合并。储贷机构的倒闭潮也波及美国保险业、银行业等其他金融板块，美国金融体系内的困境资产大量产生，政府不得不开始采取措施大规模处置涌现的困境资产。

为处置前述金融机构的困境资产，1989年，美国国会通过了《金融机构改革、复兴和实施法》（Financial Institutions Reform, Recovery, and Enforcement Act, FIRREA），美国政府组建了资产重组托管公司（Resolution Trust Corporation, RTC）。

RTC处置不良资产的手段主要包括：

（1）采用公开拍卖等市场化方式出售困境贷款和不动产；

（2）引入市场化投资者，组建合资公司，共同处置；

（3）推动住房抵押贷款资产证券化；

（4）整合外部资源进行资产管理。

RTC成立后的7年内，通过出售资产、机构托管、兼并重组等方式，重组了逾740家储贷机构，接管了2000多家有困境资产问题的金融机构，处置困境资产账面价值逾4500亿美元。

据FFIEC数据显示，1989年9月RTC刚组建时，美国不良贷款率超过3%；而1995年12月其不良贷款率已降至不足2%（见图2-1）。

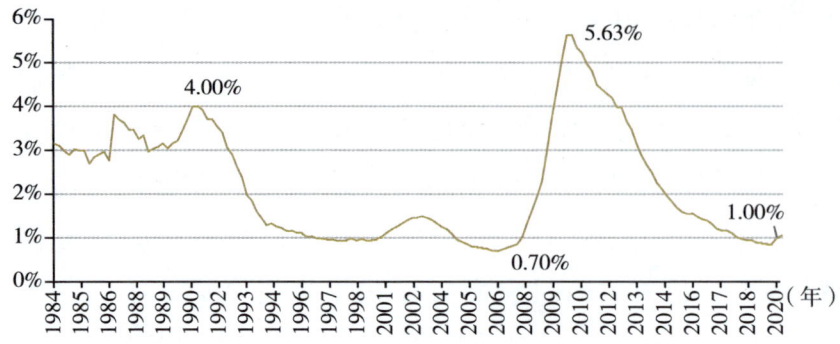

图 2-1 美国银行不良贷款率情况

资料来源：FFIEC, St. Louis Fed。

（二）1990年高收益债危机——困境资产投资基金兴起

在储贷危机爆发期间，美国高收益债市场也面临危机。

20世纪70年代之前，美国高收益债占公司债市场比重较小，新发行高收益债数量亦较少。1977年，美国高收益债的存量规模仅为公司债规模的3.7%。20世纪80年代，美国企业并购市场掀起一波热潮。得益于企业杠杆并购等对融资的巨大需求，高收益债市场迎来快速增长。仅在1977年至1986年期间，美国高收益债市场完成了超过700亿美元资金的募集，占公司债募资规模的比重已经达到15%。

虽然高收益债市场的交易量呈现快速上升趋势，但其对应的并购投资标的质量却参差不齐，且当时高收益债的投资者以投机赚取价差为主，这为后续高收益债市场危机爆发埋下了伏笔。1989年，随着经济环境转差，用以支持杠杆收购的高收益债陆续出现大规模违约。在此背景下，美国早期的市场化困境资产投资基金开始萌芽并发展，彼时成立的困境资产投资机构多以高收益债投资相关策略作为其早期的主要投资策略之一。例如，橡树资本虽成立于1995年，但其早期团队在1986年就已发起美国高收益债投资基金，这也是其最早开展的基金策略;成立于 1990 年的阿波罗,其债权策略早期也以管理高收益债及杠杆贷款组合为主(见表 2-1)。

表 2-1　　　　较早成立的困境资产基金管理人

公司名称	成立时间	主要人员	主要人员经历
Angelo Gordon（安祖高顿）	1988 年	J. Angelo, M. Gordon	L. F. Rothschild（1970~1988 年）
Apollo Global Management（阿波罗）	1990 年	L. Black, J. Harris, M. Rowan, T. Ressler, J. Kissick	Drexel Burnham Lambert（1977~1990 年）
Cerberus Capital Management（博龙资本）	1992 年	S. Feinberg, W. Richter	Drexel Burnham Lambert Gruntal & Co（1985~1992 年）
Oaktree Capital Management（橡树资本）	1995 年	H. Marks, S. Stone, B. Karsh	Citibank（1978~1985 年） TCW（1985~1994 年）
Avenue Capital Group（艾威资本）	1995 年	M. Lasry, S. Gardner	Cowen & Co（Lawyers） Amroc（1989~1995 年）（with Robert Bass）
Ares Management（锐盛投资）	1997 年	T. Ressler, J. Kissick	Drexel Burnham Lambert（1975~1990 年） Apollo（1990~1997 年）
Fortress Investment Group（堡垒投资）	1998 年	P. Briger (2002), W. Eden, R. Kaufman	Goldman Sachs, Blackrock, Lehman Bros（1986~1998 年）

资料来源:课题组根据公开资料整理。

除了高收益债的投资机遇之外,RTC 在管理及处置储贷机构困境资产时，通过市场化拍卖等方式向市场剥离了较多困境资产，也通过与市场化机构成立合资公司等形式共同处置困境资产，为市场上的困境资产投资基金提供了困境债权、困境地产、困境股权等多类型资产的投资机会，推动了困境资产投资基金的进一步发展。

（三）1997年亚洲金融危机——美国困境资产投资机构布局亚洲

1997年亚洲金融危机爆发，韩国、印度尼西亚、马来西亚、菲律宾和泰国等受危机影响较大，企业违约率大幅提升。但由于特定的市场环境，该阶段的公司重组、破产重整等大多由政府主导完成，这在一定程度上减少了市场化困境资产投资机构在亚洲市场的投资机会，但亚洲金融危机仍推动了困境资产投资行业在亚洲的起步与发展。

20世纪90年代末期，艾威资本和博龙资本就已成为东亚不良贷款的主要买家，并在亚洲设立办公室开展困境资产相关的收购与处置。此外，部分国际投行也加入亚洲困境资产投资行业的竞争，高盛、摩根士丹利、花旗集团等公司凭借其与亚洲各国金融机构过往建立的较为深厚的联系，为其开展困境资产投资业务提供了助力。

（四）2001年科网泡沫——美国困境资产投资机构快速增多

2001年科网泡沫导致大量科技企业破产，美国困境资产规模激增，吸引了更多投资机构涌入困境资产投资行业。2000～2010年，北美困境资产投资市场上的活跃机构数量从不足30家增长至100余家。

该时期，以各类养老金计划为代表的美国大型机构投资者的资产规模增长较快，随之产生的资产配置需求的增长也加速了困境资产投资行业发展的进程。

（五）2008 年经济危机——美国政府与市场化机构的合作

2008 年，雷曼兄弟的破产使美国金融市场陷入混乱，也导致困境资产集中涌现。仅 2007～2010 年的 4 年间，美国破产的银行数量从 3 家增至 157 家，不良贷款率也从 2008 年的不足 3% 迅速攀升至 2010 年的超过 10%。

危机爆发后，美国政府迅速采取措施推动困境资产的处置。2008 年 10 月，以困境资产救助计划（Troubled Asset Relief Program, TRAP）为核心的《紧急经济稳定法案》正式出台，授予财政部 7 000 亿美元资金额度，用于购买和解决困境资产。同时，美国也实施了 7 870 亿美元的投资和减税计划，以刺激经济复苏和促进就业。

为更好地消化困境资产，美国财政部、联邦存款保险公司（FDIC）和美联储共同推动了公私合营投资计划（Public-Private Investment Program, PPIP）。PPIP 从 TARP 中拿出 750 亿美元至 1 000 亿美元的资金，希望通过公私联合投资基金收购不超过 1 万亿美元的美国银行业困境资产。

PPIP 主要分为两部分：第一部分为针对存量贷款收购的 LLP（Legacy Loans Program）；第二部分为针对存量证券的 LSP（Legacy Securities Program）。美国财政部在 PPIP 收购困境资产时会投资一半资金，另一半则引入市场化困境资产投资机构进行联合投资。

在此阶段，美国市场成熟的困境资产投资机构已然成为化解金融体系风险、维护金融市场稳定发展的重要主体之一。

（六）2010 年欧债危机——北美困境投资机构的全球化配置

2008 年金融危机爆发后，希腊等欧盟国家也发生了巨大的债务危机，并于 2010 年 10 月全面爆发。随着欧债危机的进一步深化，主权债务问题逐渐蔓延为欧洲银行业危机。银行由于持有大量政府债券，其资产负债表受到严重威胁。金融稳定时期的低风险、流动性较好的资产如今成为难以变现或者不得不低价出售的困境资产。

担心出售困境资产会对自身资产负债表造成重大损失，欧洲银行在金融危机后的开始阶段并未大规模抛售不良贷款，因此在2008~2009年并未迎来井喷式的发展。而到了欧债危机时候，各种因素推动了整个行业困境资产的加速出清。此外，亚洲市场在2010年之后，整体困境资产规模的体量也开始增长。北美困境投资机构的全球化配置特征愈发明显。

二、欧洲市场

欧洲困境资产投资市场的发展成熟，晚于美国市场。根据图2-2，从欧洲市场不良贷款率、专注欧洲市场的困境私募股权投资基金的募集规模来看，欧洲困境资产市场的发展可划分为三个阶段。

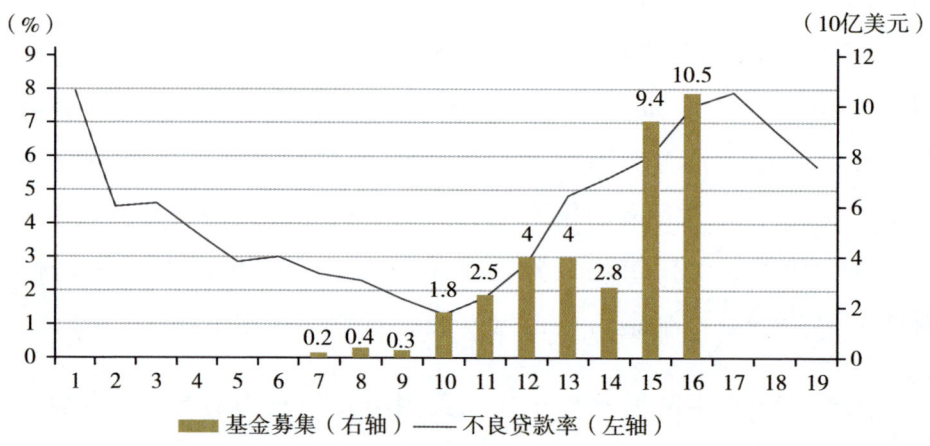

图2-2 欧洲市场不良贷款率及困境私募股权投资基金募集情况

资料来源：Preqin

（一）2005年之前——欧洲市场化困境资产投资机构起步

2003～2005年，专注欧洲市场的困境私募股权投资基金单年募集规模均不超过5亿美元。2008年金融危机爆发前，国际上，市场化困境资产投资机构并未大举进入欧洲市场寻找投资机会。一方面，欧洲市场在金融危机前银行系统并没有系统性地、大规模地出售过困境资产，相关处置机构多是由政府安排或支持引导的机构；另一方面，从2001年科网泡沫开始，困境资产投资基金多关注于美国市场涌现的困境资产投资机会。供给端与需求端的双重低迷，使得金融危机前欧洲的市场化困境资产投资活动并未特别活跃。

（二）2006～2010年——欧洲困境资产规模快速上升

2006年，欧洲地区不良贷款率呈现上升趋势。2008年秋到2009年春，美国金融危机首先通过金融渠道侵袭欧洲，欧洲不良贷款率大幅上升。金融危机后，欧洲银行业的风险问题并未立刻恶化到最严重的地步，欧洲银行在此阶段仍采取多种措施控制困境资产规模，但并未开始大规模向市场抛售。

（三）2010年欧债危机之后——欧洲市场化困境投资井喷式增长

该阶段欧洲市场化困境资产投资井喷式增长，其原因主要有以下几点：

第一，欧洲市场困境资产存量迅猛增加。2013年欧洲银行业不良贷款规模约为1.4万亿美元，较2008年的7 150亿美元上升了近1倍。

第二，欧洲银行业去杠杆进程的推进。与美国相比，欧洲银行业前期未曾大规模向市场出售债权资产组合。但金融危机后更加严格的银行业监管要求，例如巴塞尔协议III、IFRS9等，使得出售资产成为银行尽快满足监管要求的重要举措之一。此外，银行若要获得欧洲银行间和央行的资金救助,也被要求降低其存贷比等指标。

根据德勤统计,2014~2016年,欧洲银行业每年出售的贷款组合[①]规模均超过1 000亿欧元,2017年和2018年更是分别高达1 533亿欧元和2 028亿欧元(见图2-3)。2019年前三个季度,欧洲银行业出售贷款组合的规模(含当时正在交易中的规模)已经超过1 400亿欧元。其中,意大利出售规模最多,西班牙、英国、德国等也是出售较为活跃的国家。

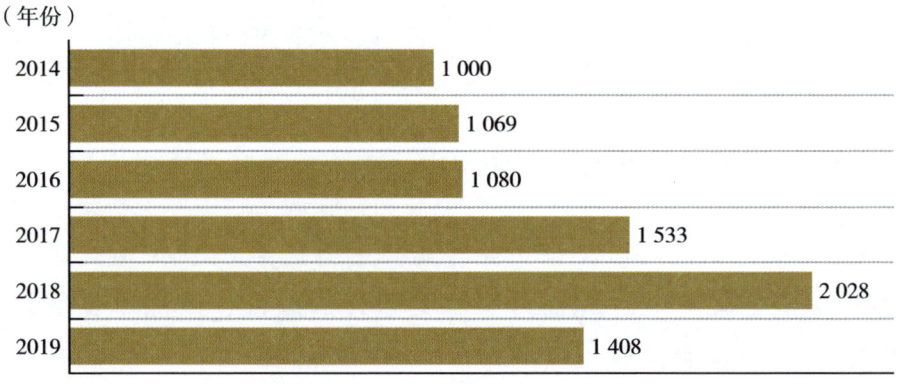

图2-3 截至2019年9月欧洲市场各年份贷款组合出售情况(单位:亿欧元)

资料来源:德勤

从欧洲困境贷款组合买家历年的收购情况也可明显看出,2017~2019年整个欧洲贷款组合的交易活跃度仍在不断上升。据德勤统计,截至2019年9月,博龙资本是欧洲市场困境资产投资机构中累计收购规模最大的机构,规模达1 029亿欧元;黑石累计收购规模达到553亿欧元,排名第二,其大部分收购交易均发生在2017年之后;其他活跃机构还包括龙星基金、高盛等(见图2-4)。

---

① 德勤统计的贷款组合口径包括不良贷款、UTP贷款(Unlikely-to-pay)及REO组合(Real Estate Owned Portfolio)。

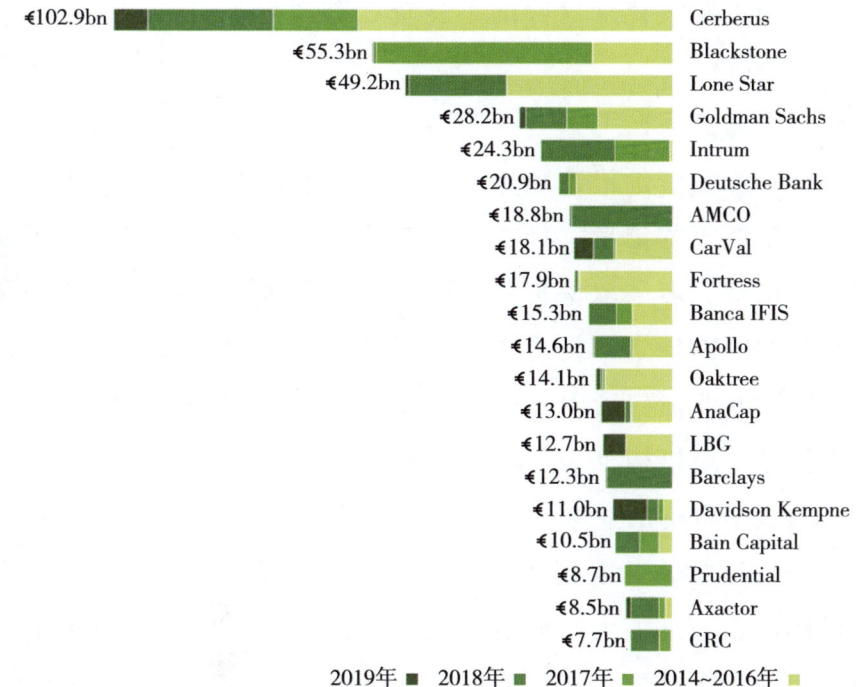

图 2-4　欧洲市场 2014 年以来贷款组合买家情况

资料来源：德勤

三、亚洲市场

（一）1998 年亚洲金融危机——亚洲困境资产投资市场的起步

亚洲困境资产投资市场化的起步也可追溯到 20 世纪 90 年代。1997～1998 年亚洲金融危机发生后，亚洲部分国家的企业违约率快速上升，资产价格泡沫破裂，债务大规模逾期。根据世界银行数据，1998 年泰国、印度尼西亚银行不良贷款率甚至超过 40%，马来西亚、菲律宾也达到 10% 以上。

亚洲部分国家面临处置困境资产的巨大压力。在处置方面，主要借鉴类似美国设立 RTC 的经验。该阶段亚洲地区困境资产投资仍是以政府为主导去化解巨额的不良贷款资产，各国政府是早期风险化解的主要推动者。

以日本为例。在1990～1997年，日本在经历泡沫经济后，虽然股票价格、房地产价格骤降导致产生了一批困境资产，但未出现金融机构大量倒闭的情形，日本政府期望通过宏观经济政策逐步复苏经济，对银行业多采取保护政策帮助其消化困境资产。为收购和处置金融机构的困境资产，日本成立了共同债权收购公司、东京共同银行、住宅专业债权管理公司，同时，借鉴美国经验，于1996年成立日本债务重组机构（Resolution and Collection Corporation），接管已经破产的金融机构的业务，并收购、处置其不良债权。

1997年之后，一系列大型金融机构的倒闭迫使日本政府放弃了保护性政策，通过加大政府资金投入、改革金融体系、改革金融监管机构、制定金融再生计划等方式，对金融监管机构开始全面改革。在处置手段方面，积极采取拍卖、资产证券化等市场化手段，提升困境资产处置效率。

2002年，日本金融厅公布当时银行业不良资产总额高达52.4万亿日元，不良资产率达8.44%。为应对该局面，日本政府推出"紧急经济对策"。2004年3月底年终结算时，日本七大银行集团不良资产比率为5.2%，同比下降2%。

在日本这轮处置周期中，龙星基金参与较多。龙星基金1995年在美国成立，1997年即进入日本市场，1998年9月发起设立Lone Star Fund II，1999年4月完成募集12亿美元。在21个月的投资期中，该基金75%的资金都被用于收购日本、韩国银行业的不良贷款。随后，其在2000年和2001年发起设立了Lone Star Fund III及Lone Star Fund IV，分别募集23亿美元、42亿美元，其绝大部分资金均用于收购日本和韩国的困境资产。

(二) 2008年金融危机前期——亚洲困境资产行业发展提速

自1998年亚洲金融危机之后,亚洲地区的不良贷款比率总体呈下降趋势。在2004年后,亚洲地区不良贷款率均下降至不足5%。此外,以中国为首的部分亚洲国家,在21世纪初期也迎来新一轮经济增长,国家名义收入与信贷的强劲增长将不良贷款率维持在了较低水平(见图2-5)。

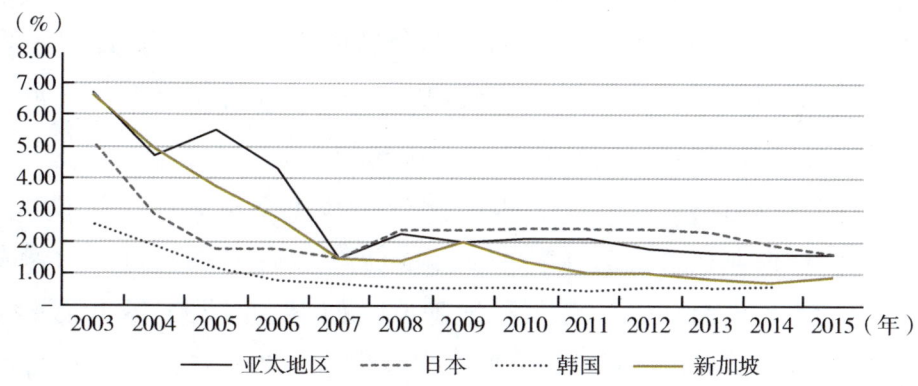

图2-5 亚太地区及日本、韩国、新加坡不良贷款率(2003~2015年)

资料来源:世界银行,万得资讯

在日本处置困境资产的早期,因市场买家数量较少,竞争水平较低,日本银行业出售不良贷款组合价格偏低,布局日本市场的国外困境资产投资基金主要依靠收购银行不良贷款再出售即可赚取较为可观的收益。但随着困境资产投资市场逐渐成熟,市场上投资者数量增加,定价机制更为合理,前述简单收购再出售模式的投资收益率开始下滑。与此同时,日本本土投资者也开始崛起,凭借更低的收益率要求与本土化的天然优势,开始逐渐取代部分国外投资者。

从2004年起,困境资产处置模式开始由较为简单的收购与再出售模式，转向对困境资产的价值提升。投资者在变卖债权之前会致力于提升困境资产的现金流，以期望获得更好的收益回报。在这一时期，日本政府出台了多项政策支持陷入债务困境的公司进行重组，以推动日本产业结构改革。2002年10月，日本出台了金融复兴计划，强调要同时解决不良贷款和公司重组问题；2003年，重新修订1999年颁布的产业复兴法案，为陷入财务困境的公司提供税收激励以加速公司重组的法律进程。此外，政府还成立了日本产业复兴公司（Industrial Revitalization Corporation of Japan，IRCJ），主要任务是协调陷入财务困境的大型公司的重组事宜。在以上因素的多重影响下，日本困境资产投资机构在这一时期开始将投资重点从不良贷款的传统处置模式转向公司重组模式。

亚洲各国的困境资产投资市场发展步伐并不一致。以中国市场为例，全面商业化处置的开端的点已接近2012年，随后进入高速发展阶段，市场不断成熟，竞争逐渐加剧。如今，国内市场也正在经历类似于日本2000~2004年的变化，传统困境债权资产司法处置的收益空间渐窄，市场也正在向更注重资产或企业的重组运营方向转变。部分领先的国内本土投资机构也意识到这一趋势性变化，开始向这方面布局。

总之，在该阶段亚洲各国的困境资产投资市场进入发展阶段，传统困境债权转让处置的业务模式发展成熟，各国本土困境资产投资机构快速发展，国外困境资产投资机构也积极活跃在亚洲市场之中。

（三）2008年金融危机后——亚洲困境资产投资市场机会涌现

2008年金融危机后，在全球多重不利因素以及中国经济增长速度开始放缓的情况下，亚洲地区的经济增长面临下行压力。尤其是金融危机后，部分风险资产的规模有所增长。

自2010年以来，亚洲地区多个国家的不良贷款规模和不良贷款率都开始攀升。尤其是中国有着巨大的信贷市场,虽然不良贷款率不算高,但不良贷款的绝对规模体量较大。

根据德勤整理统计,截至2018年末,中国银行体系持有不良贷款规模约2 950亿美元,印度约1 590亿美元,日本约990亿美元,韩国约160亿美元,泰国约140美元,其余国家均不超过100亿美元。在2010年后,亚洲新兴市场也迎来了新的一轮困境资产投资的机会。

以印度为例,根据印度储备银行(RBI)的数据,印度银行系统的不良贷款规模从2010年不足1万亿卢比,增长至2018年的10.4万亿卢比。2020年受疫情影响,印度央行不得不继续为市场提供充足的流动性。印度央行2020年5月的《金融稳定报告》披露,印度银行2020年3月的呆坏账水平为8.5%,预计到2021年3月可能飙升至12.5%,其困境资产处置压力巨大(见图2-6)。

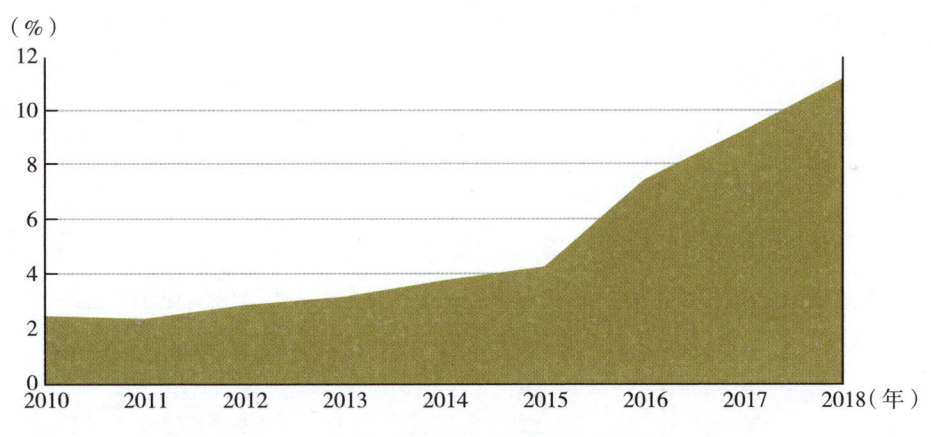

图2-6 印度银行体系不良贷款率

资料来源:印度储备银行(RBI)

为加快处置困境资产,印度制定了多项计划来化解不良贷款的风险,包括建立资产管理公司、由银行牵头公开拍卖不良贷款组合、推动破产诉讼等,但实际处置情况并不乐观。印度市场巨大的困境资产处置压力,也许会为市场化投资机构带来更多的机遇。

第二节 国外困境资产投资主要策略和案例简析

伴随国外困境资产行业数十年的发展，困境资产投资基金的投资策略也逐步成熟。本书第一章对困境资产进行了定义并按照困境资产类别进行了分类，主要包括债权投资、实物资产投资及股权投资。国外困境资产投资策略也可对应这三个资产大类划分成困境债权资产投资策略、困境实物资产投资策略和困境股权投资策略（见图2-7）。围绕这三大策略，根据标的差异、运营处置方式差异等，还可以进一步细分成不同的子策略。

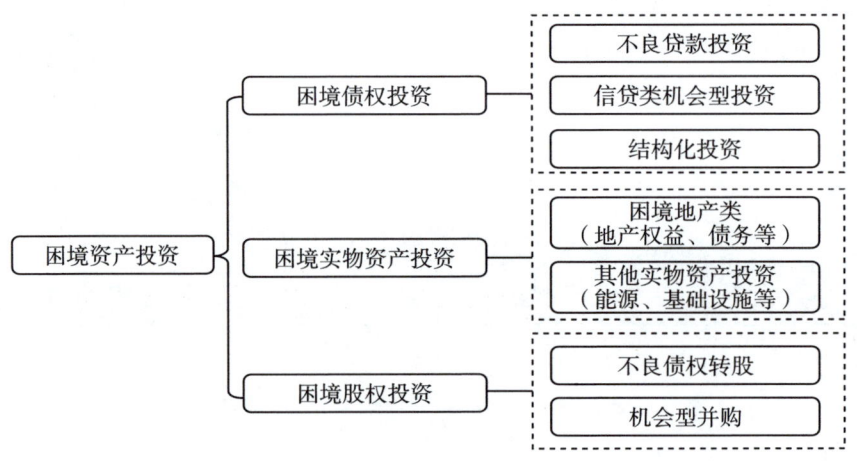

图2-7 国外困境投资策略分类

一、困境债权投资策略

20世纪80年代，美国高收益债的爆发推动了困境资产投资机构的诞生，困境债权资产投资也是国外困境资产投资机构最早开始开展的策略之一。

困境债权投资策略继续细分，大致可分为不良贷款投资、债权类机会型投资和结构化投资三类（见图2-8）。

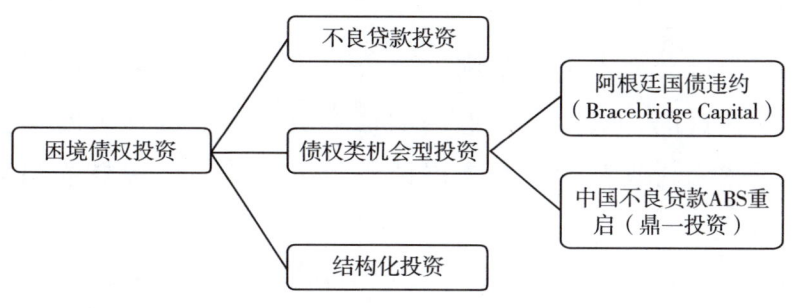

图2-8 困境债权投资策略分类

（一）不良贷款投资

银行、保险等传统金融机构必须要满足监管政策对资本充足率的要求，通过抛售风险资产去杠杆是最直接的方式。

传统的抵押贷款可能会因为无法到期兑付贷款利息或本金，或无法按时补充担保物以满足抵押率要求，导致贷款违约。银行在实际处置中没有足够的时间和能力，对每一笔贷款进行展期和债务重组谈判或进行司法处置。于是，困境资产的直接转让成为去杠杆、压降体系内不良贷款规模的最快速和最有效的方式。

目前，大多数困境资产投资机构把不良贷款投资策略的重心放在欧洲和亚洲市场。根据世界银行的统计，欧洲银行业的不良贷款在金融危机之后大幅上升。2008年欧盟银行业不良贷款率为2.71%，2012年大幅攀升到6.72%。到2015年，虽然欧债危机已经有所缓解，但欧洲银行不良资产率仍然保持5.63%的高位。亚洲市场尤其是中国市场一直是困境资产投资者关注的焦点，持续增长的困境资产规模、不断成熟的投资环境催生了一批成熟的本土困境资产投资机构，国外投资机构也在积极布局介入中国不良贷款投资。

（二）债权类机会型投资

债权类机会型投资策略则主要投资于流动性较差、有较大升值空间的债权资产，或价值被低估的证券资产；投资标的的类型包括优先级贷款、高收益债券、夹层债、救援贷款、过桥贷款和各类结构化证券等。

20世纪90年代，该策略主要集中在北美地区；到20世纪末期，欧洲高收益债市场的诞生与发展，也吸引了一批嗅觉敏锐的投资机构。

以Bracebridge Capital在阿根廷国债事件中的投资为例。由于受到东南亚危机和巴西金融动荡的冲击，阿根廷爆发了世界经济史上罕见的政治、经济和社会危机，2001年12月发生创纪录的950亿美元主权债务违约。阿根廷国债价格大幅下跌，当时包括Bracebridge Capital在内的一批投资机构以较大折扣收购了大量阿根廷国债。之后，阿根廷提出了债务重组方案，93%的债权人接受了阿根廷提出以价值减记超50%的新债券替换债权人持有的原有债券的重组方案，但Bracebridge Capital等机构拒绝接受该方案，并将阿根廷政府告上法庭，要求对方100%全额偿付本息。2016年2月27日，阿根廷与四家美国投资机构的诉讼结束，阿根廷最终同意赔偿总计46.5亿美元。其中，Bracebridge Capital获得9.5亿美元赔偿金，而当年的初始投资本金仅为1.2亿美元。

近几年，中国困境资产投资市场也出现了一些债权类机会型投资机遇。2016年中国市场重启了不良资产证券化，增加了银行困境资产处置的新渠道。在重启早期，不良资产证券化产品底层资产估值合理，且因产品结构较新、合格投资者数量较少等多种因素，竞争并不激烈。鼎一投资作为国内本土困境资产投资基金首先捕捉到了这一轮不良资产证券化重启的机会，于2016年5月参与了重启后成功发行的首单产品，项目最终退出IRR超过58%。

（三）结构化投资

结构化投资策略主要投资具有有利和保护性贷款条件的多种结构性证券，这些证券具有可预测的支付时间表、强劲的财务状况和较低的潜在借款人历史违约水平等特点。这些策略包括贷款抵押债券、住房抵押担保证券、资产支持证券，以及包括与保险相关的证券的其他结构性工具的投资。

二、困境实物资产投资策略

国外困境实物资产投资策略主要为追求各种有形困境资产的投资，包括写字楼、酒店、零售物业、工业地产、养老地产、风电场、炼油厂、机场、公路交通等类似资产以及相关服务企业，其中规模最大的仍为困境地产类业务。

国外困境资产投资机构的地产类业务涵盖了房地产领域各种投资机会，主要包括商业房地产、办公房地产、住宅房地产等。由于通胀期间地产的价格通常会上升，地产投资策略除了可以获得不错的风险收益外，也被国外困境资产投资机构作为对冲通胀的方式之一。

房地产投资策略的核心，在于对房地产行业投资的丰富经验以及地产物业类资产的管理运作能力。同时，把握良好时机以获得较大折扣也是成功实施该策略的一个前提。安祖高顿在2000年前后参与美国切尔西市场①的改造运营即是典型的国外困境实物资产重组案例。

除了地产类业务外，国外困境资产投资机构还纷纷设立了以能源、基础设施等其他实物资产为主的投资策略（见图2-9）。该策略主要针对处于困境中的电力、自然资源、可再生能源以及基础设施等领域中上游资产进行收购或成长型投资，不少困境资产投资机构还与相关行业专业的投资机构进行合作。

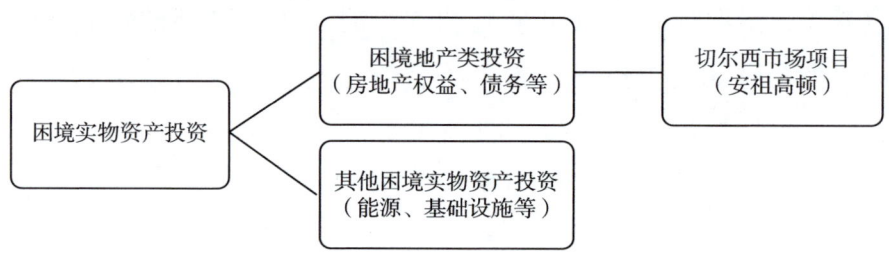

图2-9　国外困境实物资产投资策略分类

三、困境股权投资策略

国外困境资产投资机构的困境股权投资与其他私募基金的股权投资有所不同，其主要注重于公司的长期价值，并在公司运营困难的急售时期甚至破产清算过程中进入，从而以一个较低的价格购买资产，后期通过基金的核心运营管理能力帮助公司走出困境，进而实现退出。

国外困境资产投资机构的股权投资策略大致分为不良债权转股和机会型并购两类，其中机会型并购根据标的情况的不同还可以分为困境公司重组、分拆业务收购以及整合性收购等（见图2-10）。

---

① 详细案例介绍可参考本书"附录二　国内外困境资产投资典型案例综述"。

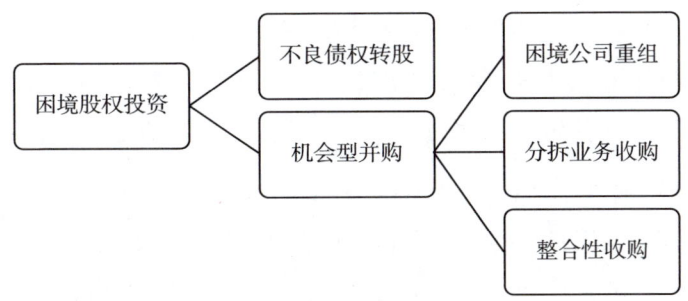

图 2-10 国外困境股权资产投资策略分类

（一）不良债权转股

不良债权转股业务一直是国外困境资产投资机构的核心业务，其主要方式为以一个较低的价格对处于特殊时期公司的债权进行投资，进而通过债务重组等方式转股退出；其核心在于对标的公司未来前景的预判能力以及投后运营能力。

不良债权转股策略主要以那些运营能力良好但财务状况堪忧的企业为目标，在危机中大量收购目标企业债权。这些债权通常都附有向下保护条款，从而可以在危机中将债权转化为股权，实现对目标企业的控制，然后通过改善企业财务状况，逐步实现投资退出；有时目标企业在债务重组之前财务状况就已转好，这时也可以通过溢价出售债权资产实现投资退出。这类投资虽然增值收益较少，但由于投资期短，投资回报率依然较高。

橡树资本参与的 Aleris 破产案、阿波罗参与的利安德巴赛尔重组案，均属于此类策略的典型案例[①]。

（二）机会型并购

机会型并购，是指把握不同行业中稍纵即逝的机会进行较低成

---

① 详细的案例分析可以参阅"附录二 国内外困境资产投资典型案例综述"。

本的并购，并通过强大的运营管理能力进行整合上市或者出售获利，这种机会可能存在于资产良好的困境公司、大集团非核心业务、资产一般但能与现有资源整合的公司等领域。该策略的核心是获得企业的管理权，并通过投后的积极管理，帮助其摆脱困境最后通过市价退出。该策略相比不良债权策略的优势在于不需要依赖转股途径，可以在不同发展阶段的市场中针对不同行业的相关公司进行投资。

1. 困境公司重组

困境公司重组，是指对资产良好且有较高发展前景、但暂时陷入困境的公司进行投资或收购。由于国标公司处于困境，可以以较低的价格买入，买入后依靠自身强大的后期运作修复能力，帮助公司摆脱困境或者整合上市实现退出。该策略的核心在于较强的投研能力、机会把握能力以及投后运作管理能力。

2. 整合性收购

整合性收购，是指可以与基金现有资源进行整合的收购。由于该策略只需要能与现有资源进行整合的标的公司，购买单个公司并不需要很高的成本，但是整合之后可以发挥协同效应从而大大提高公司价值。该策略的核心在于较强的投研能力、丰富的行业资源以及运营管理能力。

该策略一般与其他策略结合起来。比如阿波罗资产从处于经营困境的 Whole Foods 低价收购 Henry's 之后，将其与之前收购的位于法国巴黎一家仓储商店运营商 Smart & Final 整合，解决了 Henry's 的基础设施问题，两者形成协同效应，最大化地发挥了 Henry's 天然有机食品市场差异化的优势。此后，阿波罗不断整合新收购公司与以往公司资源，最终创立了上市公司 Sprouts Farmers Market LLC。在上市过程中，并购产生的协同效应起到了关键作用，国外困境资产基金往往根据以往投资的企业或者拥有的行业资源寻找收购对象，并通过业务整合成立在行业内部具有较强比较优势的公司。

3. 分拆业务收购

分拆业务收购，是指对前景良好但不在所属集团重点战略内的非核心业务进行收购，由于本身为非核心业务不受重视，往往可以以较低的价格买入，买入后依靠基金的运营管理能力，帮助公司成长为一个独立的整体并快速释放价值。该策略的核心在于较强的投研能力、丰富的行业经验以及较强的公司运作能力。

四、小结

从国外困境资产投资策略的发展来看，困境资产投资策略复杂多样，不同细分策略对困境资产投资机构的估值定价能力、运营能力、处置能力等均有不同的要求。国外困境资产投资策略的发展与演变中，呈现出如下特征：

第一，传统银行不良贷款投资是困境资产投资中占比较大的细分策略之一。但随着困境资产投资市场的成熟，除传统银行不良贷款外的其他困境债权资产的投资及困境实物资产重组、困境股权重组均在成熟市场占据了重要的地位。

第二，困境资产的价值提升从而带来资产增值是困境资产投资最核心的盈利逻辑之一，而这个价值提升过程更多地依赖于投资机构对该类资产的主动管理能力，因而困境资产投资不能简单等同于财务型投资。

第三，困境资产投资是长期可持续性的复杂投资策略。从项目资源获取、投资价值判断，到投后管理运营，都需要体系化的专业团队。能够跨越周期的成熟困境资产投资机构需要潜心建构系统化、精细化、平台化的生态，结合各方力量，共同完成困境资产的重组提升。

第三节 国外困境资产市场的发展现状

一、全球困境资产私募基金新增募集规模保持高位

受金融危机影响，2007 年、2008 年，全球困境资产私募基金完成募集的基金数量分别达到 49 只和 54 只，募集资金规模达到 515 亿美元和 547 亿美元，资金募集规模位居历史前三。历经 2008 年金融危机和 2010 年欧债危机后，全球困境资产私募投资资金的募集活动持续活跃（见图 2–11）。

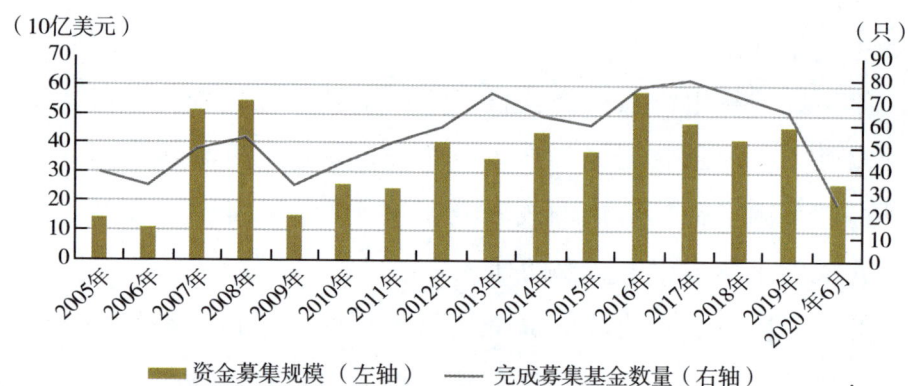

图 2–11 全球困境资产私募投资[①] 资金募集情况（2005 年至 2020 年 6 月）

资料来源：Preqin

2009 年后，美国市场进入后金融危机时代。在这一时期，市场利率持续走低，美联储长期将利率控制在接近于零的水平上，公司

---

① 困境资产私募投资引用于 Preqin 的定义，包含困境信贷资产投资基金（Distressed Debt 基金、Debt Fund）、特殊机会型信贷投资基金（Special Situations Fund），以及困境反转股权策略基金以及 Turnaround 策略基金，但不包括困境实物资产基金。

债券的违约也大幅减少，高收益债的收益率从2009年的超过20%降到了2014年的6%左右，促使投资者转向收益更高的标的。特别是2011年欧债危机爆发后，很多投资机构将投资重点转向欧洲。在北美市场上存续的投资机构为了应对资产供给端的不利局面，在削减单只基金募集规模的同时，也采取更加多样化的投资组合来降低风险。此外，欧洲地区和亚洲地区，例如中国市场机会的涌现，也推动了全球困境资产私募投资资金募集规模的增长。

2016年，全球困境资产私募投资资金募集规模达到580亿美元，是近15年来的最高值。2013~2020年，年均募集规模也已经超过400亿美元，全球困境资产投资市场持续活跃。

二、全球困境资产私募基金资产管理规模持续增长

近十几年，全球困境资产私募基金资产管理规模实现持续快速增长。2005年末，全球困境资产私募投资的资产管理规模约为470亿美元，到2019年末已经飙升至3 850亿美元，增幅达到719%（见图2-12）。随着全球经济波动加大、增速趋势放缓，无论是宏

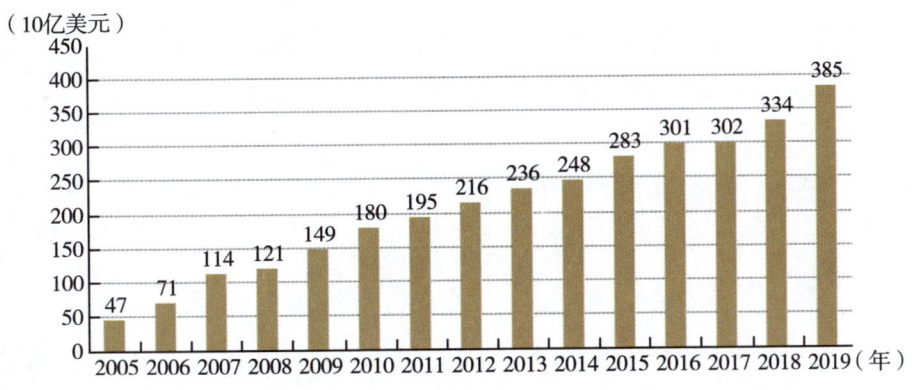

图2-12　全球困境资产私募投资资产管理资产规模情况

资料来源：Preqin

观周期的波动还是产业周期的调整,都为困境资产投资带来了较多的机会,整个市场的资产管理规模持续增长。

三、疫情推动困境资产投资策略配置意愿快速提升

在新冠肺炎疫情冲击下,原本复苏缓慢的全球经济陷入深度衰退,市场中许多大型、成熟的困境资产投资机构开始积极筹备资金,寻找因违约风险增大而带来的投资机会。根据 Preqin 的统计数据显示,截至 2020 年 6 月,困境资产私募资金的总可投资金量创历史新高,达到 1 220 亿美元。而从 2020 年 6 月的统计数据来看,困境债权资产投资基金在 2020 年计划募集规模高达 910 亿美元。

近 15 年来,全球困境资产投资资金量保持平稳增长,可投资金规模从 2005 年末的 200 亿美元增长至 2020 年年中的 1 220 亿美元左右,年复合增长率约为 13.28%(见图 2-13)。

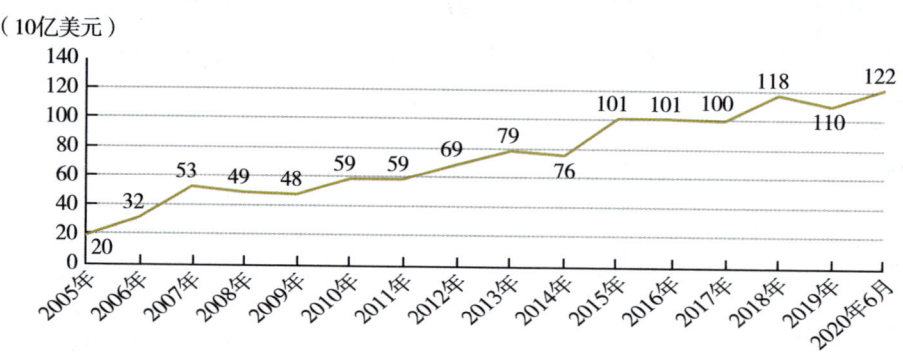

图 2-13 全球困境资产私募投资资金可投资金规模情况

(2005 年至 2020 年 6 月)

资料来源:Preqin

此外,新冠疫情对投资者不同策略的配置偏好也产生了较大影响。Preqin 对比不同时期债权资产投资基金的投资者偏好发现,2020 年二季度相比于 2019 年同期,未来 12 个月以困境债权投资基金为配

置目标的投资者比例大幅上升,成为配置首选(见图 2–14)。

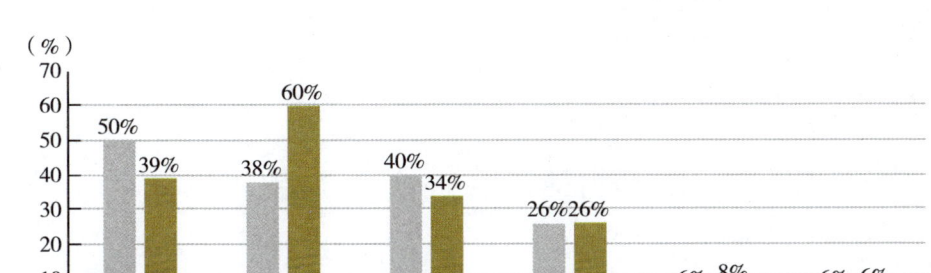

图 2–14 债权资产投资者未来 1 年配置策略偏好

资料来源:Preqin Pro

从债权资产投资基金各策略基金募集规模来看,2020 年前三个季度,困境债权资产投资募集规模也出现了明显增长,困境投资类策略配置比例明显上升(见图 2–15)。

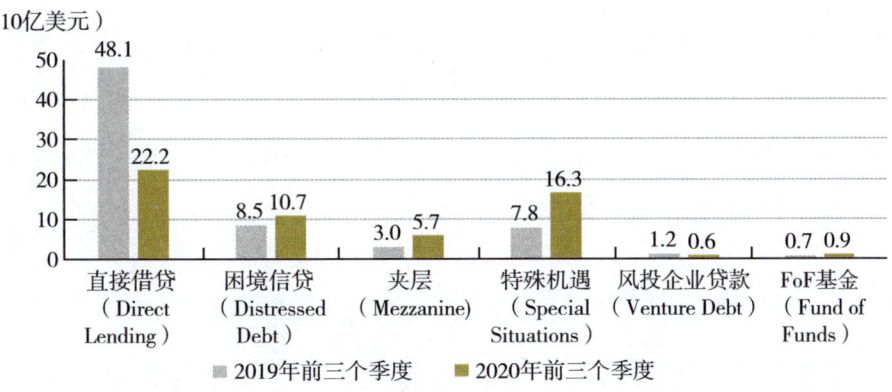

图 2–15 债权资产投资基金各策略资金募集规模

资料来源:Preqin

第三章
国内困境资产投资市场发展概况

第一节 国内困境资产投资发展历史及趋势

一、国内困境资产投资发展阶段

国内困境资产投资在发展早期以银行业的不良贷款为主要标的，其发展的阶段也与国内银行业不良贷款的剥离与处置阶段呈现明显的相关特征。以银行业不良贷款的发展史为背景，回顾国内困境资产投资20多年的发展历程，可划分为三个发展阶段：政策性阶段（1999~2003年）、商业化转型阶段（2004~2012年）和全面商业化阶段（2013年至今）（见图3-1）。

（一）政策性阶段：1999~2003年

对于国内困境资产投资行业而言，这一阶段主要是国家行政力量主导。受1997年亚洲金融危机影响，我国银行业出现大规模的困境资产，导致其资本充足率严重不足。为增加我国银行的国际竞争力，摆脱困境资产的影响，消除系统性金融风险，财政部相继出资设立中国华融、中国长城、中国东方和中国信达四家资产管理公司

第三章 国内困境资产投资市场发展概况

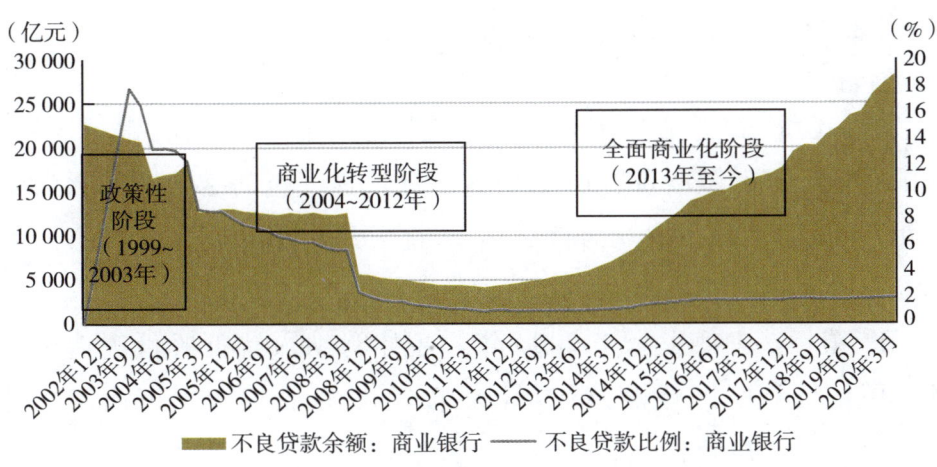

图 3-1　我国商业银行不良贷款余额及不良贷款率变化

资料来源：万得资讯

（简称"四大 AMC"）。四大 AMC 主要通过发行金融债和向央行贷款等方式筹措资金，收购对应银行剥离的困境资产进行管理和处置，旨在帮助银行优化资产负债结构、减轻债务负担、化解金融系统性风险和促进国企改革等。财政部向四大 AMC 各注资 100 亿元资本金，同时央行向其发放了 7 500 亿元再贷款，用以在 1999 年和 2004 年分别以账面原值政策性接收四大国有商业银行及国家开发银行剥离的不良贷款。2000 年 11 月，国务院颁布《金融资产管理公司条例》，明确四大资产管理公司的运行框架，并规范不良贷款的处置和运作。在困境资产投资行业的发展初期，完成政策性任务是发展的核心。

与此同时，市场化投资机构和国外投资机构也开始小规模试探性参与国内困境资产投资市场。比如，美国高盛与中国信达合作成立中国首家专注处置困境资产的中外合资公司，高盛也直接从中国华融和中国长城收购不良贷款资产包。再比如，摩根士丹利、雷曼兄弟等。

（二）商业化转型阶段：2004～2012 年

这一阶段虽然也包含部分政策性因素，如帮助国有银行脱困、为国有银行上市做准备，但是在不良贷款资产包的定价方面逐渐市场化，同时参与主体也在不断扩容，市场逐渐活跃。

在此期间，国内商业银行共发生三次不良贷款剥离。

1. 第一次剥离发生于 2004 年，主体为纳入首批股份改造试点的中国银行和中国建设银行；目的是为了商业银行上市而剥离坏账，改善其资产负债表。

2. 第二次剥离发生在 2005 年，中国工商银行的 2 460 亿元损失类不良贷款被等值剥离给华融资产管理公司，4 600 亿元可疑类贷款则由央行采取统一招标的方式交由四大资产管理公司处理。以上不良贷款剥离之后，中国银行、中国建设银行和中国工商银行陆续在香港上市。

第三次剥离发生在 2008 年，中国农业银行进行股份制改革，按照账面原值剥离不良资产超过 8 000 亿元。2010 年中国农业银行在上海和香港完成"A + H"两地上市。

上述数千亿元不良贷款的市场化剥离，为困境资产投资提供了大量的可投资标的，激活了市场情绪。此阶段，由于存在不良贷款一级、二级市场价差，本土市场化投资机构和国外投资机构开始陆续介入国内困境资产投资市场。

（三）全面商业化阶段：(2012 年至今)

这一阶段主要受行业监管政策推动，放开了地方资产管理公司的设立限制。四大 AMC 经过前两轮收购积累了大量的不良资产，国内经济形势也转入"三期叠加"和供给侧改革时期，困境资产投资的二级市场拥有了更多参与主体和资产供给来源。

2012年，财政部、原银监会印发《金融企业不良资产批量转让管理办法》（财金〔2012〕6号），对不良资产的转让进行明确的指导和规范。该办法的出台让不良资产重新引起社会的关注，这一阶段被称为"行业的春天"。2013年11月，原银监会发布《关于地方资产管理公司开展金融企业不良资产批量收购处置业务资质认可条件等有关问题的通知》（银监发〔2013〕45号），允许各省设立或授权一家地方资产管理公司，参与本省范围内金融企业不良资产批量收购和处置业务。2015年以来，随着国内宏观经济增长速度换挡，一些非金融机构也开始将不良资产出售给四大AMC。由于不良资产的规模逐年增长，四大AMC也开始面临既有不良资产积压的问题，国内处置需求急剧增加。2016年，原银监会发布《关于适当调整地方资产管理公司有关政策的函》（银监办便函〔2016〕1738号），放宽了地方资产管理公司的相关限制，允许每省最多可设立两家地方资产管理公司，并允许不良资产对外转让。一系列政策的出台让国内困境资产投资的生态更加市场化，各省银行及AMC对外出售不良资产的效率也更高，推动了国内困境资产投资行业的进一步发展。

这一阶段，一些市场化、专业化的困境资产投资机构陆续涌现，如鼎一投资、湖岸投资等均在该阶段成立。同时，互联网平台公司也开始参与困境资产处置的服务环节，如阿里拍卖和京东拍卖等（见表3-1）。

表3-1　商业化转型期和全面商业化时期情况对比

	商业化转阶段	全面商业化阶段
时间	2004~2012年	2012年至今
经济周期	宏观经济快速增长阶段，底层抵押物价值快速上涨	宏观经济增长速度换挡期、结构调整阵痛期和前期刺激政策消化期，经济增长将长期呈现"L"形，底层抵押物正处于历史高位

续表

	商业化转阶段	全面商业化阶段
市场格局	主要包括银行、四大AMC、民营资产公司、外资基金、律师事务所、拍卖行以及个人等，参与主体较为传统	逐渐形成"5+2+AIC+N"格局，同时加入了上市公司、证券公司、信托公司、基金公司、房地产公司、评估公司、保险公司、互联网金融公司、淘宝等群体，产业链条逐渐丰富，生态体系日渐完善
出让主体	不良资产供给主体较单一，主要为国有银行和国有企业	不良资产供给结构多元化，逐渐从以银行为主扩散到证券、信托、担保、融资租赁、小贷、P2P等非银行金融机构以及地方债、公司债和非金融企业应收账款和企业间三角债等
市场规模	由于经济体量较小，困境资产的规模最高约3万亿元	本轮由于国内经济体量庞大，金融体系潜在不良贷款额度超过10万亿元
司法环境	保护债务人为主，司法环境较不理想	随着国家征信系统的完善、司法独立的推进，司法环境较好

资料来源：课题组根据公开资料整理

二、国内困境资产投资行业参与主体及产业链条

随着国内经济的发展、相关技术的进步及监管政策的放开，困境资产投资行业的参与者逐渐从单一的四大AMC发展为更加多元化的群体。

当前，行业参与主体以"5+2+AIC+N"为主。其中"5"指的是最早成立的四大AMC以及2020年11月17日中国银保监会批复开业的中国银河资产管理有限责任公司（以下简称"五大AMC"）；"2"泛指各地方资产管理公司①（也称地方AMC）；"AIC"指的是

---

① 2016年，原银监会下发《关于适当调整地方资产管理公司有关政策的函》："放宽《金融企业不良资产批量转让管理办法》（财金〔2012〕6号）第三条第二款关于各省级人民政府原则上可设立一家地方资产管理公司的限制，允许确有意愿的省级人民政府增设一家地方资产管理公司。"

各大银行成立的资产投资公司;"N"指的是其他参与机构,主要以市场化投资机构为主。各主体及所处产业链位置如图3-2。

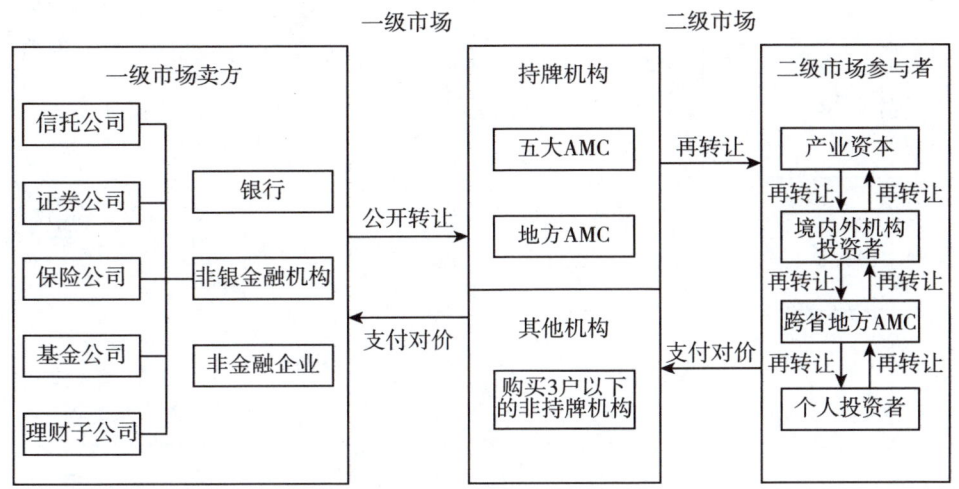

图3-2　国内困境资产投资行业主要参与主体及产业链

资料来源:课题组根据公开资料整理

我国困境资产投资主要起源于银行信贷市场,后续逐渐发展到信托产品、债券市场、股票市场等。困境资产投资上中游目前分为两个市场,包括一级市场和二级市场(见表3-2)

表3-2　我国困境资产投资主要参与主体及特点

	五大AMC	地方AMC	AIC	PE等非持牌机构
行业地位	行业龙头	省市重点扶持,截至2020年6月,共有62家地方AMC	国有及股份制大行全资持有,股东实力雄厚	民营为主,活跃性高
覆盖区域	全国性经营	区域性经验,开展省内业务	全国性经营	以地方性投资者或区域聚焦型投资者为主
作用	化解全国性的金融风险	主要化解地方性金融风险	主要针对股东方不良资产	化解全国性及地方金融风险

续表

	五大 AMC	地方 AMC	AIC	PE 等非持牌机构
市场层次	主要为一级市场	区域性一级市场与全国性二级市场*	一级市场和二级市场	主要为二级市场，少数规模较大的非持牌机构已逐步间接或直接进入一级市场
业务来源	银行和非银金融机构	地方银行、非银机构、非持牌机构	主要为股东	主要来源于银行、AMC 及其他金融机构
主要处置方式	债权转让、债务重组	转让债权	债转股	司法诉讼推动法拍、债权转让、债权和解、破产重整等
融资渠道	银行借款、同业拆借、发行金融债等	地方自筹资金	通过债券回购、同业拆借、同业借款、发行金融债权等方式融入资金，目前主要为自有资金	市场化融资
发展前景	金融控股平台	地方市场化金融机构	专业化债转股平台	专业化资产处置机构

注：*2016年，原银监会下发《关于适当调整地方资产管理公司有关政策的函》："放宽《金融企业不良资产批量转让管理办法》（财金〔2012〕6号）第三条关于地方资产管理公司收购的不良资产不得对外转让，只能进行债务重组的限制，允许以债务重组对外转让等方式处置不良资产，对外转让的受让主体不受地域限制。"

资料来源：课题组根据公开信息整理

一级市场主要是指卖方（商业银行等）与买方（五大 AMC、地方 AMC 等）交易所形成的市场，同时存在银行将单户不良贷款出售给其他非持牌购买者的情况。目前，一级市场的最大卖方仍为银行，近几年各类非银金融机构对外出售不良资产的规模也逐年增长。

二级市场则是困境资产从原有机构剥离后，形成自由流通的市场。困境资产进入二级市场后，还会发生二次甚至多次流转。二级市场的参与者，主要是境内外市场化非持牌投资机构及跨省经营的地方 AMC。

此外，困境资产投资主体还包括服务机构和其他相关方。服务机构主要指的是为困境资产投资进行服务的专业职能方，如律师事务所、会计师事务所、资产评估机构以及各种地方性咨询机构（涵盖第三方信息平台等）。其中，部分机构也称为"服务商"，主要职能为专门为困境资产投资机构提供资产处置服务；其他相关方包括政府部门，如法院、检察院、工商管理部门、税务局等。

第二节 国内困境资产投资发展现状

一、国内困境资产投资行业的新形势

近年来，我国经济发展已进入增速换挡、供给侧改革深入推进、经济结构转型升级的关键战略时期，部分企业面临杠杆高、转型慢、融资难等多种困难，困境资产规模进一步增长。宏观环境的变化与困境资产去化的压力，推动我国困境资产投资进入了全面商业化阶段。国内困境资产投资发展迅速，困境资产的品类逐渐多样，上下游参与机构的数量不断增长、机构类型更加多元，困境资产投资的机构化程度也在不断提高。2020 年突如其来的新冠肺炎疫情，对全球经济造成了巨大冲击，国内困境资产行业也迎来了新一轮的发展。

（一）国内困境资产规模持续增长

1. 传统银行不良贷款规模与实际处置规模均出现增长

截至 2020 年 9 月末，中国商业银行不良贷款余额达到 2.83 万

亿元，不良贷款率达到1.96%。该不良贷款余额规模是自2002年以来的最高值，较2019年四季度末2.41万亿元的规模增长幅度约17.4%。

中国银保监会主席郭树清此前表示，2020年将加大对不良贷款处置力度，全年预计银行业要处置3.4万亿元；2019年同期为2.3万亿元，同比增长约48%。2020年上半年整体处置规模约1.1万亿元，下半年处置规模接近去年全年体量。2020年10月，中国银保监会副主席梁涛表示，前三季度银行业共处置不良贷款1.73万亿元，同比增加3 414亿元；新提取贷款损失准备1.54万亿元，同比增长15%。

与以往相比，2020年以来银行不良贷款的增长速度加快，处置力度也随之增加。2021年预计可能有更多不良贷款充分暴露，处置力度将进一步加大。①

2. 信托业风险项目规模攀升

截至2019年末，全国68家信托公司受托资产规模为21.6万亿元，信托行业已经成为国内第二大金融行业。受宏观经济进入结构性调整期及监管层加大风险排查的力度和频率影响，国内信托风险项目个数及规模在2018年之后迅速增加。叠加2020年新冠肺炎疫情的影响，信托业风险项目的数量与规模均出现较快增长。截至2020年3月末，信托业风险项目规模达6 431亿元，风险项目数量1 626个，均为历史峰值。而2019年一季度末信托业风险项目规模仅2 830亿元，同比增幅超过127%（见图3-3）。此外，据不完全统计，2020年第二季度和第三季度，共发生信托产品违约事件190起，涉及金额821亿元。非银金融机构的困境资产供给增长为未来

---

① 数据来自中国银保监会主席郭树清答新华社专访，http://www.pbc.gov.cn/goutongjiaoliu/113456/113469/4071509/index.html。

困境资产投资提供更多的标的选择。

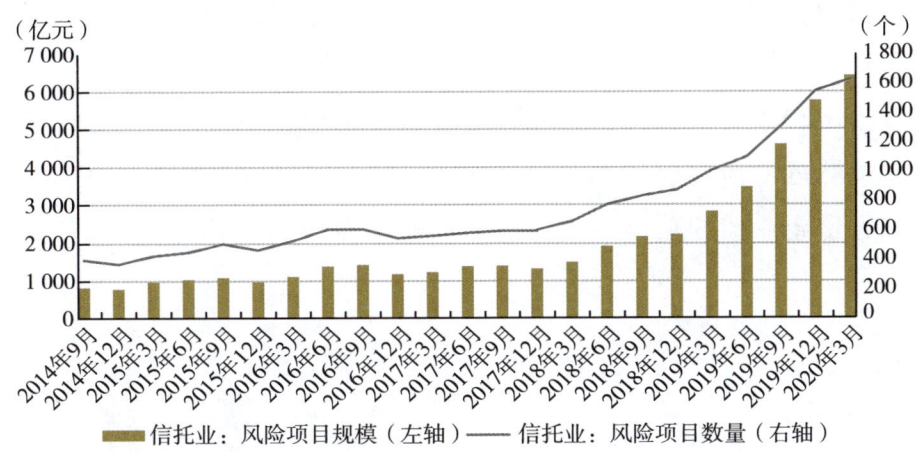

图3-3 国内信托业风险项目规模及个数

资料来源：中国信托业协会，万得资讯

3. 违约债券市场规模持续扩大

2018年，债券市场进入违约事件频发期，违约债券余额持续增长。截至2020年11月11日，违约债券余额达到4 027亿元，违约率升至1.06%（见图3-4）。

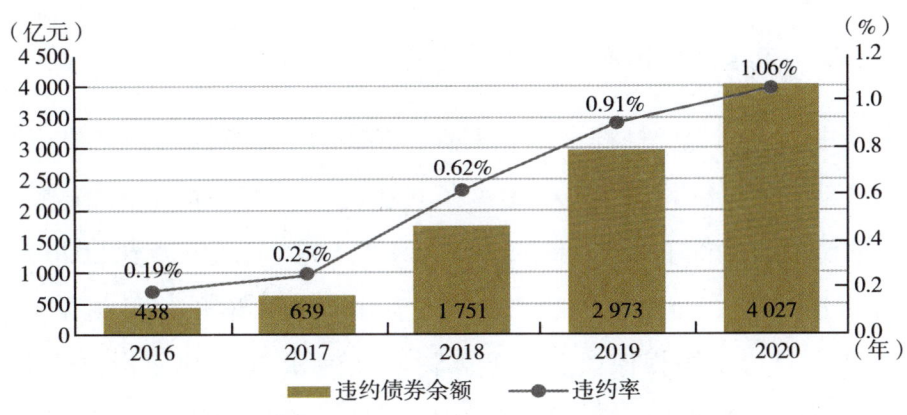

图3-4 截至2020年11月11日国内违约债券余额及违约率

资料来源：万得资讯

根据万得资讯数据统计，2019 年有 184 只债券出现违约，违约发生额约 1 495 亿元。2020 年截至 11 月 18 日已有 140 只债券发生违约，违约发生额约 1 608 亿元，已经超出 2019 年全年发生额 100 亿元以上。2020 年，受疫情冲击等影响，企业的违约风险仍有所上升，虽然近期债券违约数量有所减少，但是后期的偿付压力依然较大，大量企业债的兑付压力可能是在后续年份（见图 3-5）。

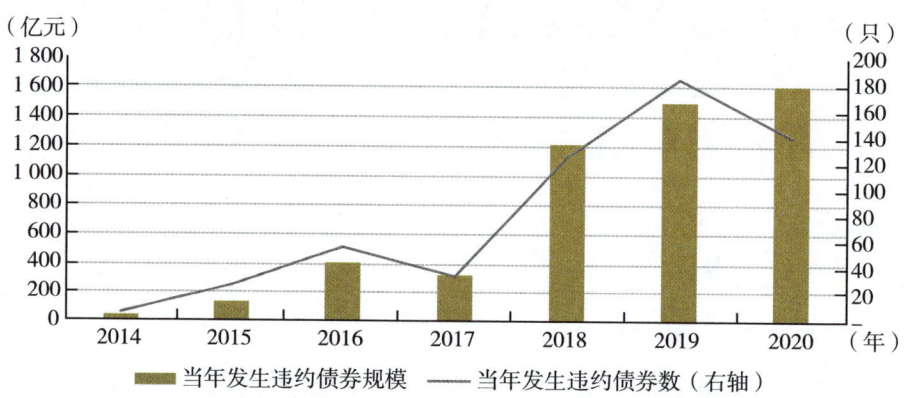

图 3-5　截至 2020 年 11 月 18 日国内债券当年违约发生数及发生额
资料来源：万得资讯

（二）未来国内困境资产供给将进一步增加

从中国各部门的杠杆率变化来看，2020 年为应对新冠肺炎疫情冲击，各部门杠杆率均有上升，改变了过去几年杠杆率的下降趋势。尤其是非金融企业部门杠杆率，2019 年 12 月为 151.3%，到 2020 年 6 月增至 164.4%，金融机构的坏账可能会出现较大增长（见图 3-6）。2020 年 8 月，中国银保监会主席郭树清在《求是》刊文指出，需要警惕各部门债务增加后，会助长杠杆交易和投机行为，催生新一轮的资产泡沫。未来杠杆的去化，可能带来新的风险暴露和困境资产的增加。

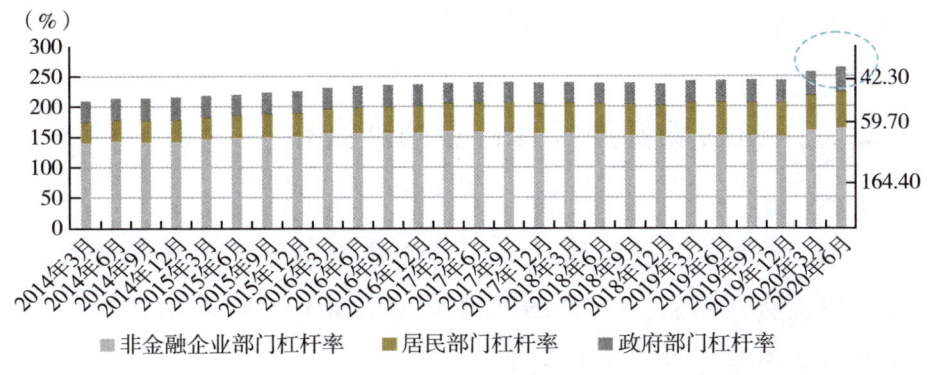

图 3-6 中国各部门杠杆率

资料来源：国家资产负债表研究中心。

在具体政策上，2020年，为应对疫情对中小微企业的短期剧烈冲击，中国银保监会等五部委在2020年3月1日联合发布《关于对中小微企业贷款实施临时性延期还本付息的通知》，要求对符合条件的中小微企业，给予一定期限的临时性延期还本安排，最长可延至2020年6月30日。2020年6月1日，中国银保监会等五部委再次发布《关于进一步对中小微企业贷款实施阶段性延期还本付息的通知》，要求对于普惠小微贷款，银行业金融机构要"应延尽延"，延期还本付息政策延长至2021年3月31日。2020年9月8日，央行等部门对中小微企业贷款延期还本付息政策继续"打补丁"，鼓励银行进一步支持中小微企业延期还本付息，符合一定条件的关注类贷款也可以延期。

一系列政策的出台有效缓解了中小微企业在短期偿债能力受损情况下的偿债压力，保障了经济体系的稳健运行。但在一定程度上也延迟了部分困境资产的释放。尽管2020年困境资产的攀升速度已经较快，但预计未来困境资产的供给仍会持续。

此外，由于金融财务反应本身存在的时滞性，当前银行等金融机构的报告并不能完全反映潜在的风险资产水平，随着时间的推移，这部分风险资产也将陆续暴露出来。

二、国内困境资产投资行业的新变化

（一）行业发展日趋成熟，参与主体增多，处理效率更高，困境资产的流动性增强；但市场竞争也更加激烈，对困境资产投资机构的核心竞争能力提出了更高要求

此轮国内困境资产总规模可能超 10 万亿元，吸引了大量资本进入，原本以银行、四大 AMC 为主力的不良资产处置行业也不断扩容。截至 2019 年底，全国有近 60 家地方 AMC，"每省设立一家地方资产管理公司"的政策已放宽至"允许确有意愿的省级政府增设一家地方资产管理公司"，甚至广东、浙江、福建、山东四省已增至 3 家，民营企业亦可参股地方资产管理公司。各类资产管理公司、私募基金、券商资管、信托计划、基金专户甚至自然人都可以通过各种途径介入困境资产市场。

国内困境资产市场近十年的高速发展，已经形成了较为成熟的市场体系。与此同时，更为充分的市场竞争也让早期批量收购困境资产包后再分销转卖赚取价差的商业模式收益空间收窄。更加注重困境资产的终端处置、运营提升，将是行业步入新阶段后，对国内困境资产投资机构的新要求。

（二）银行不良贷款转让范围扩大，新的市场机会出现，更加考验困境资产机构对投资机会的把握能力

监管部门积极开展试点，进一步放松对银行不良资产转让的限制。2020 年 6 月，监管部门下发《关于开展不良资产转让试点工作的通知》（征求意见稿），明确提出将进行单户对公不良贷款和批量个人不良贷款转让试点，还明确银行可以向金融资产管理公司、地方资产管理公司转让单户对公不良贷款和批量转让个人不良贷款，为银行不良贷款的处置提供了极大的便利性。

（三）涉及跨品类、跨行业的复杂困境资产项目机会增多，收益空间更大，处置能力要求也更高

目前，涉及多品类甚至混合品类资产类型的复杂困境资产项目机会增多。一方面，非银金融机构的困境资产出售，丰富了市场上困境资产的品类。传统银行批量出售的不良贷款，其底层多以工业土地、厂房、商业、办公等物业资产为主，而目前涉及非上市企业股权、股票、船舶、油站、矿产等品类底层资产的项目数量逐渐增多。例如，鼎一投资在2019年就已经开始介入船舶运输行业龙头企业的重整投资，国内困境资产跨品类投资的趋势已经到来。另一方面，在发展早期，困境资产投资竞争较少，虽然在银行批量出售的不良贷款中，抵/质押物也会涉及少量矿产、股权等类型资产，但处置难度较高，投资机构的投资关注较少。而现阶段，随着困境资产投资行业的兴起，困境资产投资机构的专业水平提高，产业相关方对困境资产投资也有了更多兴趣和了解。困境资产投资机构可以通过自身培养的专业处置运营能力或联合产业相关方，共同处置该类困境资产，赚取更为丰厚的收益。

（四）司法环境不断完善，处置效率提升，涉及重组、重整等复杂困境资产的投资价值更具吸引力

近年来，全国各级法院致力于解决执行难问题。在技术手段方面，建立了全国网络查控执行系统，实现远程财产查询、冻结甚至扣划；实现了44部委联合惩戒失信被执行人举措，重拳出击失信"老赖"。在法律保障方面，相继出台了"在先查封与优先受偿的批复""网络拍卖规定""财产保全规定""执行异议复议规定"等一系列司法解释,规范了执行中的很多模糊地带。在人才素质方面,执行法官的困境资产处置理论素养、专业水平和办案经验得到较大提升。在体制改革方面,进一步强化了法官终身追责制,行政干扰、执行阻却等因素弱化。此外,在企业破产案件的处理上也有了更多的支持。全国法院上百家的清算与破产审判庭的设立、破产管理人协会的陆续成立以及破产法庭的建立,都对复杂困境资产的处置提供了更多的发展契机。

三、当前国内困境资产投资的收益表现

本部分介绍国内四大 AMC 和市场化投资机构的投资业绩表现。国内四大 AMC 部分,选取中国信达资产管理股份有限公司(简称"中国信达")、中国华融资产管理股份有限公司(简称"中国华融")两家上市公司的公开信息进行分析。在市场化投资机构的部分,由于公开数据有限,仅以国寿金石、鼎一投资及湖岸投资为例进行简要介绍。

(一)国内四大 AMC 的业绩表现

1. 中国信达的业务概览及业绩表现

中国信达 2019 年年报显示,其业务分为两个分部:

(1)不良资产经营业务,包括围绕不良资产开展的债权资产经营、债转股资产经营、其他不良资产经营与受托经营业务等;

(2)金融服务业务,包括银行、证券、公募基金、信托、租赁和保险业务等。

在不良债权资产经营上,中国信达将其分为两种经营模式。

(1)收购经营模式:通过参与竞标、竞拍、摘牌或协议收购等

方式，从金融及非金融机构收购不良债权资产。其管理策略是通过债权重组、债转股、资产置换、以股抵债、诉讼追偿、出售等方式实现现金回收。

（2）收购重组模式：项目主要来源于非金融企业；在收购时，与债权人、债务人达成三方协议，向债权人收购债权，同时与债务人及其他关联方达成重组协议，通过确定还款金额、还款方式、还款时间及担保抵押等安排，帮助企业盘活存量资产，实现债权回收并取得目标收益。

2012～2019年，收购经营模式的不良债权资产内部收益率[①]集中在15%～20%，不同年份的内部收益率波动平缓；2011～2019年，收购重组模式的不良债权资产月均年化收益率[②]集中在8%～12%，不同年份的月均年化收益率平缓（见图3-7）。

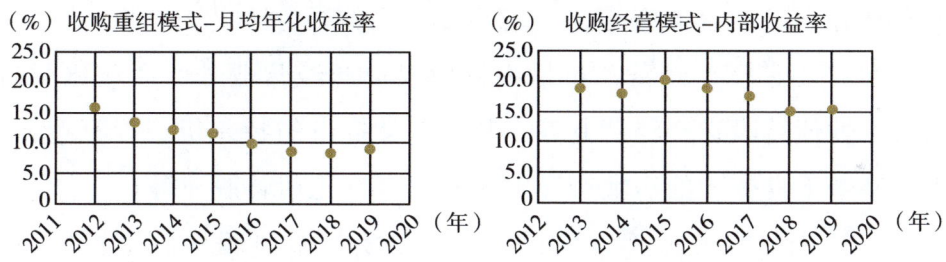

图3-7 中国信达不良债权资产收益情况

资料来源：中国信达2019年度报告

在债转股资产管理处置上，中国信达主要通过债转股、以股抵债、追加投资等方式获得债转股资产；通过改善债转股企业经营提升债转股资产价值；通过债转股企业资产置换、并购、重组和上市等方式退出，实现资产增值。2012～2017年[③]，中国信达债转股资产的

---

① 使当年处置收购经营类不良资产的现金收入，与该等资产所对应收购时点发生的成本支出等一系列现金流净现值为零的收益率。
② 收购重组类不良资产收入（不含已减值资产处置损失）除以收购重组类不良资产月余额。
③ 2018年、2019年年报未披露。

投资收益倍数集中在 2.0~3.5 倍（见图 3-8）。

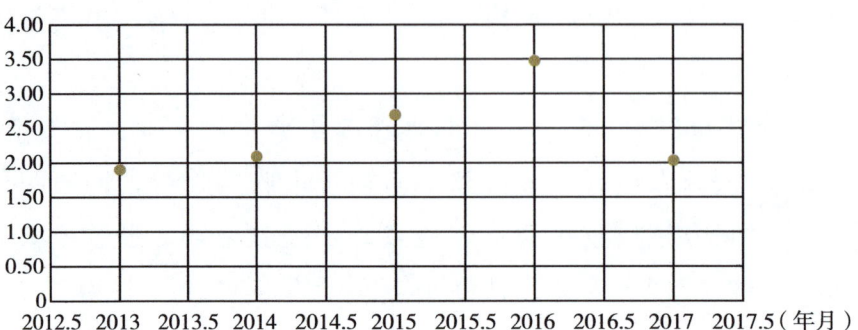

图 3-8 中国信达债转股资产投资收益倍数

资料来源：中国信达 2019 年度报告

2. 中国华融的业务概览及业绩表现

中国华融根据不同业务所承担的风险和得到的回报不同，把其业务划分为三个业务分部：

（1）不良资产经营，包括不良债权资产经营业务、商业化买断的政策性债转股资产经营业务、基于不良资产的特殊机遇投资业务，以及基于不良资产的房地产开发业务、市场化债转股业务；

（2）金融服务分部，包括证券、期货、金融租赁、银行服务、消费金融；

（3）资产管理和投资分部，包括信托、私募基金、国际业务及其他。

不良债权资产经营业务，也分为两种经营模式。

（1）收购处置类：以公开竞标或协议方式从银行为主的不良资产市场上批量收购不良资产包；处置方式包括阶段性经营、资产重组、债转股、单户转让、打包转让、债务人折扣清偿、破产清算、本息清收、诉讼追偿、以物抵债、债务重组等。

（2）收购重组类：针对流动性暂时出现问题的企业，提供个性化、专业化定制重组方案，盘活有存续经营价值的资产，修复债务人的企业信用，实现资产价值的提升。

2013～2019年，收购处置类的不良债权资产已结项目内含报酬率①集中在12%～20%，不同年份的波动较为平缓；2011～2019年，收购重组类的不良债权资产月均年化收益率②集中在8%～13%，不同年份的波动平缓（见图3-9）。

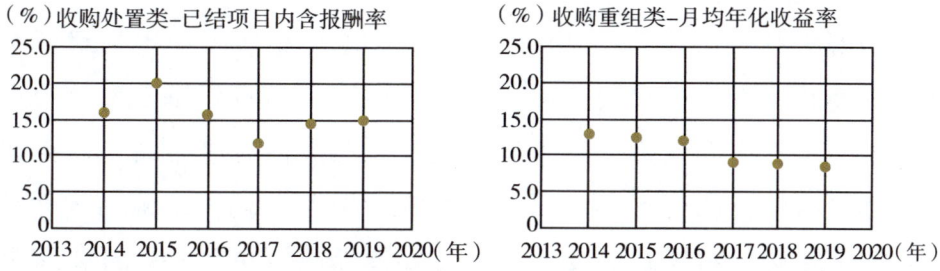

图3-9　中国华融不良债权资产收益情况

资料来源：中国华融2019年度报告

2012～2017年，中国华融债转股资产的退出回报倍数③集中在1.5～3.5倍，相较于中国信达，波动幅度稍大（见图3-10）。

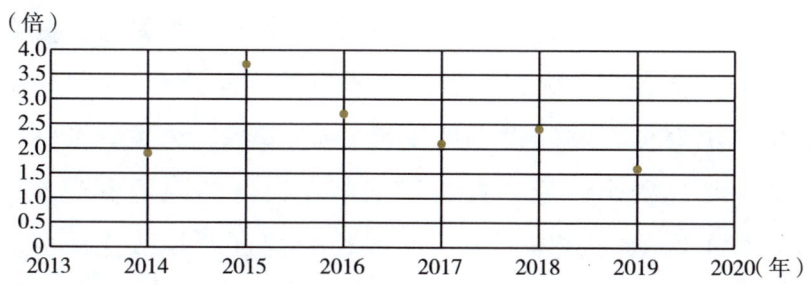

图3-10　中国华融债转股资产退出回报倍数情况

资料来源：中国华融2019年度报告

---

① 使当期完全处置的所有收购处置类项目自收购时点至完全处置时点所发生的所有现金流入和流出的净现值等于零的折现率。

② 不良债权资产年收入除以当年不良债权资产月末平均余额。

③ 当年发生的债转股资产处置净收益与被处置债转股资产对应的收购成本之和，除以被处置债转股资产对应的收购成本。

（二）国内市场化投资机构的业绩表现

近年来，随着国内困境资产投资的快速发展，也兴起了一些较为成熟的市场化困境资产投资机构，本部分选取当前市场较为活跃的国寿金石、鼎一投资、湖岸投资的业绩数据为例进行介绍。分析数据不代表国内市场化机构的整体或平均业绩水平。

1. 国寿金石业绩情况

国寿金石公司成立于 2016 年，系中国人寿集团全资二级子公司，现持有保险私募基金管理人资格及中国证券投资基金业协会股权私募基金管理人资格，是中国保险业首家专注普惠金融及特殊机会投资领域的资产管理人。国寿金石响应国家深化供给侧结构性改革、防范化解金融风险的要求，充分发挥保险资金优势，提供多种困境资产解决方案。

国寿金石已成功设立多只股权基金、夹层基金，覆盖承诺认缴制、项目制、滚动投资等多种类型，形成多层次、精准匹配的产品体系。截至 2020 年末，国寿金石累计管理基金规模超百亿元。公司与各商业银行、资产管理公司等机构建立深入合作关系，为合作方提供优质的基金方案，为投资者提供丰富的产品选择。

其中，国寿金石发起设立的困境投资基金广泛募集了保险资金及第三方市场化资金，成功投资于某商业银行的困境资产包。该基金充分发挥了保险资金体量大、期限长的特点，并结合社会化资金的风险收益偏好，为基金的成功运作打下良好基础。截至 2020 年末，该基金有限合伙人的本金已全部退出并产生超额收益，基金层面的 IRR 超过 25%。

2. 鼎一投资业绩情况

（1）项目综合收益概况（IRR 与 Multiple）。鼎一基金的投资策略以困境债务批量收购处置的快速流转型策略为基础，结合有重组提升价值的核心资产的特殊投资机遇，形成兼具期间稳定现金流和中长期超额收益的资产配置组合。其中，快速流转型策略，是指从银行、AMC、信托等多种不同类型的金融机构以一定的折扣收购困境债权资产包或单一困境债权，并运用定制化的重组处置方式实现快速退出，为基金提供较好的期间流动性；特殊机遇型，则是指通过司法拍卖、以物抵债、破产重整、债转股等方式低价获取可产生稳定经营性现金流的核心实物资产，并对其进行运营提升，运用多元化的重组手段实现存量困境资产的盘活，为基金提供较好的弹性收益。

截至 2020 年 12 月 31 日，鼎一在管人民币基金已累计投资 133 亿元人民币，基金累计已实现净回收近 110 亿元人民币（见表 3-3）。核心投资团队投资管理经验丰富，过往累计主导困境资产投资及处置总价值超过 500 亿元。鼎一基金所有已退项目的 IRR 和 Multiple 的情况可参见图 3-11 所示。

表 3-3 鼎一投资人民币基金收益表现（截至 2020 年 12 月 31 日）

基金名称	成立时间（年）	基金规模（亿元）	基金期限（年）	基金阶段	已退项目净收益率（%）
鼎一特殊机遇投资一期基金	2015	30	4	已按期完全清算退出	18.31
鼎一特殊机遇投资二期基金	2017	30	5	退出期	19.69
鼎一特殊机遇投资三期基金	2018	30	6	投资期	23.34
鼎一特殊机遇投资四期基金	2021	预计 30~50	6	募集中	—

注：* 此处鼎一投资使用的已退项目净收益率（IRR）为所有已退项目计算的综合 IRR。

资料来源：课题组根据调研数据整理

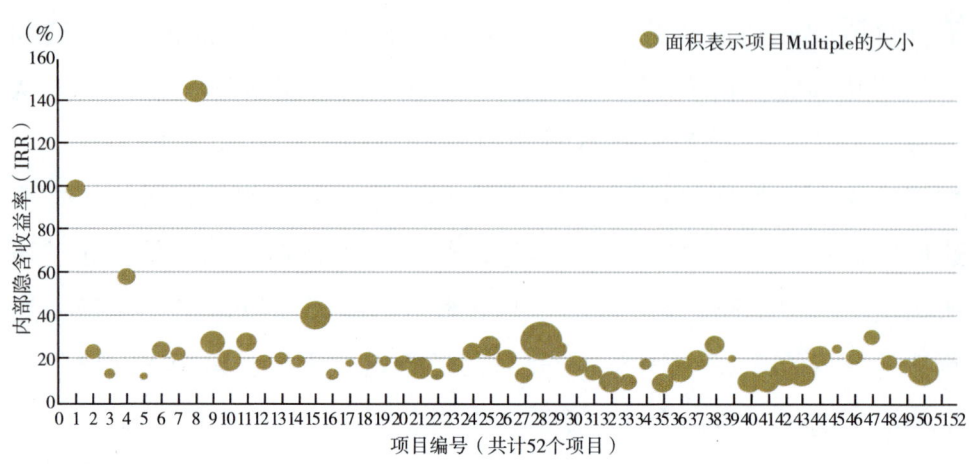

图 3-11 鼎一投资所有已退项目的 IRR 和 Multiple 分布图
（截至 2020 年 11 月 20 日）

资料来源：课题组根据调研数据整理

（2）在管基金期间收益情况。鼎一投资管理的基金具备稳定的期间收益，以其目前在管基金历年分红情况为例，2017～2020 年当年度分红收益率均不低于 8%；2018 年其三期基金当年度分红收益率超过 10%。具体分红收益率情况见表 3-4。

表 3-4　　鼎一投资在管人民币基金当年度分红收益率* 　　（单位：%）

基金名称	2017 年	2018 年	2019 年	2020 年
鼎一特殊机遇投资二期基金	9.22	9.02	8.55	8.13
鼎一特殊机遇投资三期基金	未成立	10.79	9.81	9.33

注：*当期分红收益率 = 每年度内实际分配的现金分红/每年度内的平均资金占用
资料来源：课题组根据调研数据整理

3. 湖岸投资业绩情况

湖岸投资成立于 2016 年 4 月，注册资本 1 亿元，是在中国证券投资基金业协会登记的其他类私募基金管理人。目前团队管理规模逾 80 亿元人民币基金，累计管理规模超过 200 亿元，其主要投资人包括股份制银行、城商行、信托公司、上市公司、母基金和财富管理公司等。

（1）项目综合收益概况（IRR 与 Multiple）。湖岸投资团队 2016 年至今已经投资超过 80 亿元，共计 136 个项目，已回收约 46 亿元，61 个项目已经实现退出，已退出项目的 IRR 最低 12%，最高达 90%（见表 3-5）。按照投资金额的权重划分，所有投资项目中不良资产包（包括单体资产）类项目占比约为 69%，助拍类项目（非普惠）占比约为 17%，普惠业务项目占比约为 7%，重组类项目占比约为 7%。

表 3-5　　　　　　　　湖岸投资人民币基金业绩表现

基金名称	成立时间（年）	基金规模（亿元）	基金期限（年）	基金阶段	已退项目净收益率①（%）
湖岸人民币基金一号（Lakeshore RMB Fund I）	2016	20.01	5	退出期	12~17
湖岸人民币基金二号（Lakeshore RMB Fund II）	2017	3.53	4	退出期	17~90
湖岸人民币基金三号（Lakeshore RMB Fund III）	2017	13.66	5	投资期	17~48
湖岸人民币基金五号（Lakeshore RMB Fund V）	2019	0.61	10	投资期	17~18
湖岸人民币基金九号（Lakeshore RMB Fund IX）	2018	6.5	4	投资期	17~18
诚通湖岸一号（Chengtong Lakeshore RMB Fund I）	2017	20.01	5	退出期	18~28
青岛山南贞观投资合伙企业（有限合伙）	2019	8.01	10	投资期	尚未有项目完全退出

资料来源：课题组根据调研数据整理

① 此处湖岸投资使用的已退项目净收益率为所有已退项目 IRR 的区间范围。

（2）在管基金期间收益情况。湖岸投资团队在管理过程中，秉承"安全、审慎、稳健、合规"的投资原则，积极发挥自身优势，从投前、投中和投后全面协调各方资源，使得投资期间在管的各基金取得了良好的业绩，为投资人获得了良好的回报，实现了设立基金时设定的目标收益率。

第四章
保险资金参与困境资产投资的实践与思考

第一节 保险资金参与困境资产投资的战略机遇

困境资产投资在国内经过多年的发展，行业基础设施不断完善，资产供给快速增长，参与主体日益增多，投资需求不断加大。当前，国内困境资产投资行业正处于一个新的重要时期，无论是从行业政策支持，还是从行业投资机会、自身资产配置等方面都具有重大战略机遇。

当前政策环境下，保险资金参与困境资产投资已获得重要支持。2017年，原保监会发布的《关于保险业支持实体经济发展的指导意见》（保监发〔2017〕42号）明确指出，支持保险资产管理机构开展不良资产处置等特殊机会投资业务，为险资参与困境资产市场提供了政策依据。该意见紧紧围绕供给侧结构性改革和"去产能、去库存、去杠杆、降成本、补短板"五大重点任务，积极发挥保险资金融通和引导作用。该意见支持保险资产管理机构发起设立去产能并购重组基金，促进钢铁、煤炭等行业加快转型发展和实现脱困升级；支持保险资金发起设立债转股实施机构，开展市场化债转股业务；支持保险资产管理机构开展不良资产处置等特殊机会投资业务、发起设立专项债转股基金等。2018年，国家发展改革委、中国人民银行、财政部、中国银保监会、国资委五部门联发《2018年降低企业杠杆率工作要点》（发改财金〔2018〕1135号），支持符合条件的银行、保险机构新设实施机构；指导金融机构利用符合条件的所属机构、国有资本投资运营公司开展市场化债转股，赋予现有机构相关业务资质；研究推动私募股权投资基金更多参与市场化债转股；支持各类实施机构通过多种方式增强资本实力，推动实施机构与各类股权投资机构和社会产业资本合作，提高业务能力特别是股权管理能力。2018年，中国银保监会发布《关于进一步做好信贷工作提升服务实体经济质效的通知》，鼓励商业银行、金融资产投资公司、金融资产管理公司、信托公司、保险机构等积极参与市场化法制化债转股，推动已签约项目尽快落地。2018年，国家发改委、中国人民银行、财政部、中国银保监会、中国证监会发布《关于鼓励相关机构参与市场化债转股的通知》，允许符合条件的保险集团（控股）公司、保险公司、保险资产管理机构设立专门实施机构从事市场化债转股，允许保险业实施机构设立私募股权投资基金开展市场化债转股，实施机构的管理参照《保险资金运用管理办法》《保险资产管理公司管理暂行规定》《金融资产投资公司管理办法（试行）》等规定执行。2020年，中国银保监会发布《保险资产管理产品管理暂行办法》，鼓励保险资产管理机构通过发行保险资管产品募集资金支持经济结构转型，支持市场化、法制化债转股，降低企业杠杆率。2020年，中国银保监会发布《关于金融资产投资公司开展资产管理业务有关事项的通知》，允许保险资产管理机构等各类市场化债转股实施机构使用自有资金、合法筹集或管理的专项用于市场化债转股的资金投资债转股投资计划；允许保险资金依法投资债转股投资计划。

当前行业环境下，保险资金参与困境资产投资具有较好的投资机会。第一，近年来，我国经济发展迈入新常态，宏观经济增速换挡、信用环境变化以及疫情导致的需求低迷，使得不少实体企业面临利润萎缩、资金链紧张、偿债能力下降的困境。与这些问题企业、困境企业相关的困境资产也随之大量涌现，困境资产投资机会增多。第二，2016年以来，人民法院深入推进司法执行体制和司法保障制度改革，着力解决执行难的问题，困境资产投资的司法环境得到了改善，提高了困境资产的处置产能及处置效率。第三，经过了20年的发展，国内困境资产投资市场已经形成了一些具备丰富投资管理经验及能力的优质管理人，保险机构可以通过投资优质管理人发行的产品间接参与困境资产投资；同时，随着困境资产投资参与者的专业化和机构化，引导困境资产投资市场竞争回归理性，对追求稳健收益的保险资金而言，迎来了良好的布局困境资产投资行业的风口期。第四，经济结构转型和增速换挡的过程中，利率中枢也处于下行通道，以固定收益类资产配置为主的保险资金收益率在低利率环境下难以有效覆盖负债成本，资产配置的难度大幅增加。相较于固定收益类资产，困境资产投资在提供更高收益率的同时，也兼顾了较为稳定的期间收益和现金流回报特征，折价购买、资产抵押和分散化策略也提供了较高的安全边际，能够部分替代资产组合中的固定收益类资产，保险机构参与困境资产投资的积极性提高。

除此之外，国际经验也对保险资金参与困境资产投资提供了借鉴。国外保险资金多是借助外部专业投资机构，通过多种途径参与困境资产投资，以获取长期稳定的收益，其中投资困境资产投资基金为主要投资路径。比较著名的投资管理机构有阿波罗资产管理公司、橡树资本等。这些困境资产股权基金的募资来源都包括一定比例的保险资金。例如，橡树资本所管理的资产中，有11%的资本来自保险机构。除此之外，与保险资金性质类似的主权财富基金、养老金也积极参与困境资产投资。例如，Cerberus（欧洲最大的困境资产投资机构）的困境基金有限合伙人中主权财富基金和养老金占比达80%。

第二节 保险资金参与困境资产投资的现状

为更深入了解当前国内保险资金参与困境资产投资的现状，中国保险资产管理行业协会组织开展了《保险资金参与困境资产投资调查问卷》，调查主要面向国内保险公司、保险资管公司等保险机构。本次调查共回收有效问卷73份，其中51份来自保险公司，22份来自保险资管公司；参与调研的73家保险机构中，管理保险资金规模低于500亿元的机构占比为44%，管理规模介于500亿~1 000亿元的占比为9%，管理规模介于1 000亿~3 000亿元的占比为25%，管理规模3 000亿元以上的占比为22%（见图4-1）。

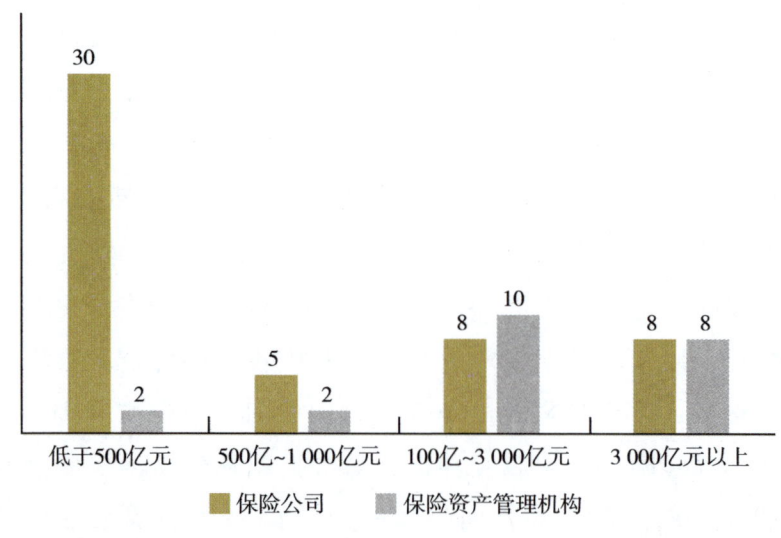

图4-1 受访保险机构资产管理规模分布（家）

资料来源：《保险资金参与困境资产投资调查问卷》

调查显示，仅约19%的受访保险机构已开展困境资产投资（见图4－2）。整体来看，多数机构由于缺乏对困境资产投资政策的深入了解，行业经验不足，资源有限且自身投资能力建设尚未搭建完成，同时判断宏观经济形势和监管政策导向有待进一步明确，对开展困境资产投资业务暂时持观望态度。

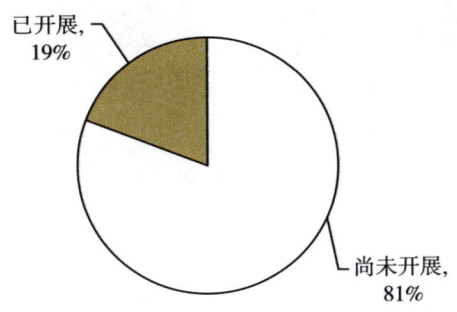

图4－2　困境资产投资业务开展机构比例

资料来源：《保险资金参与困境资产投资调查问卷》

一、保险资金参与困境资产业务现状

（一）业务规模

从困境资产投资的参与规模来看，大部分机构的参与规模仍较小，整体行业处于初级阶段。投资规模在5亿元以下的机构占比为58%，投资规模在5亿～10亿元和10亿～20亿元的机构各占21%（见图4－3）。

（二）产品类型

从产品类型来看，绝大部分保险机构通过投资困境资产私募股权基金间接参与困境资产投资，小部分机构通过投资保险纾困产品

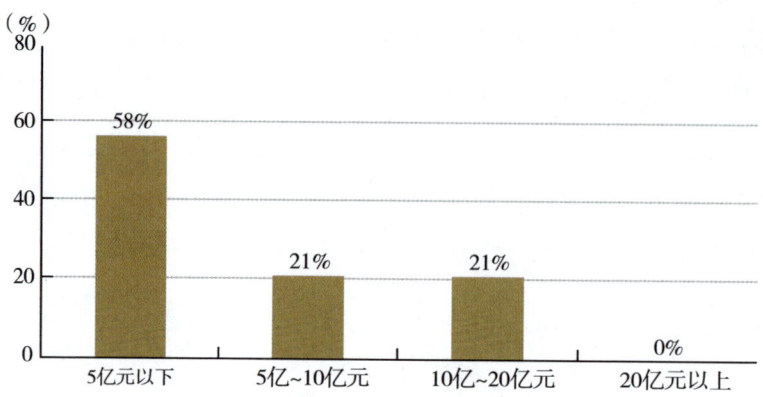

图 4-3　保险资金参与困境资产投资的业务规模

资料来源：《保险资金参与困境资产投资调查问卷》

参与投资（见图 4-4）。此外，保险机构还可以通过投资困境资产非标金融产品参与困境资产投资。调研显示，保险资金目前参与困境投资的路径尚不丰富。

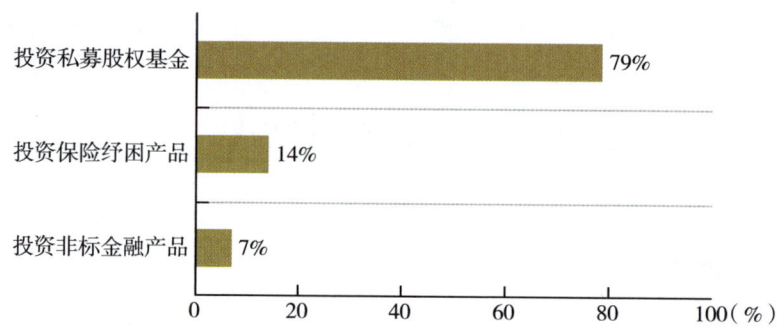

图 4-4　保险资金参与困境资产投资的产品类型

资料来源：《保险资金参与困境资产投资调查问卷》

（三）产品特征

从所投产品的期限来看，所投资产品期限在 5～10 年的机构占比为 64%，产品期限在 3～5 年的机构占比为 22%，产品期限在 1～3 年的机构占比为 14%（见图 4-5）。

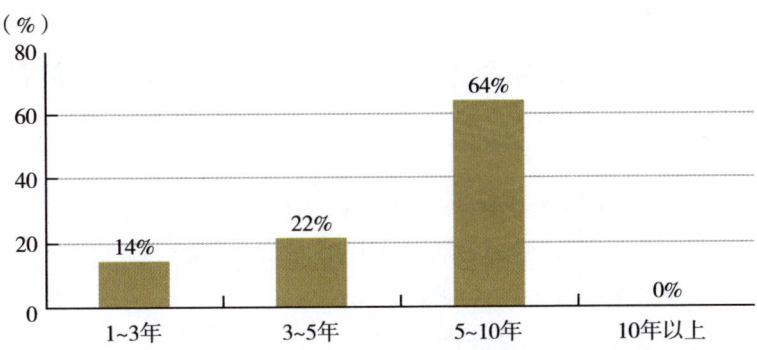

图 4-5　已开展困境资产投资的保险机构投资产品的期限

资料来源：《保险资金参与困境资产投资调查问卷》

从投资收益来看，年化投资收益在 6%～10% 的机构占比为 71%，年化投资收益率在 10%～15% 的机构占比为 21%，年化投资收益率 15%～20% 的机构占比为 7%（见图 4-6）。从调研结果来看，参与困境资产投资的保险机构获得了不错的投资收益。

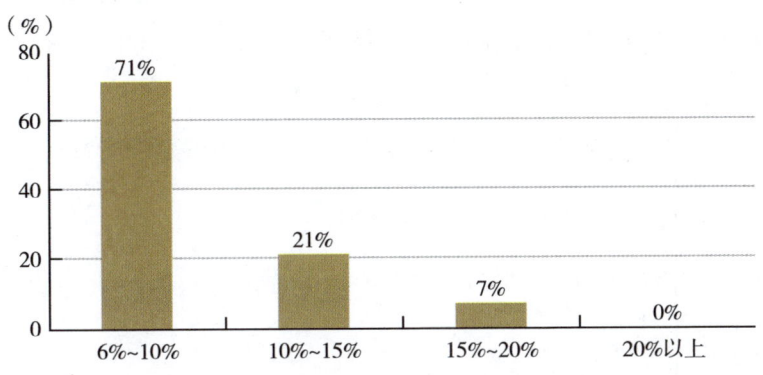

图 4-6　保险资金参与困境资产投资的年化投资收益率

资料来源：《保险资金参与困境资产投资调查问卷》

（四）遇到的问题

调研显示，可供选择的投资产品不够丰富、风险难以量化、内部风险偏好不明确是大部分机构面临的最主要的三个问题。也有少数机构认为还面临其他困扰，比如：内部投资战略不够清晰；投资策略相对单一；性质认定上虽然是投资私募股权基金，但是实质上仍是债性投资等（见图4-7）。

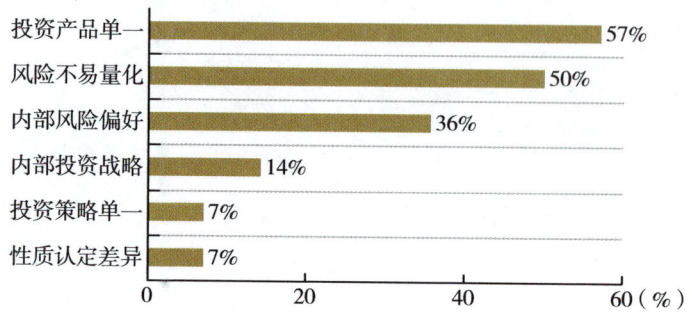

图4-7　保险资金参与困境资产投资中面临的问题

资料来源：《保险资金参与困境资产投资调查问卷》

从投资流程来看，93%的机构认为风险监控的流程和评估方法有待优化，50%的机构认为困境资产投资业绩评估方式有待完善，14%的机构认为权限管理和运营支持需要改进（见图4-8）。

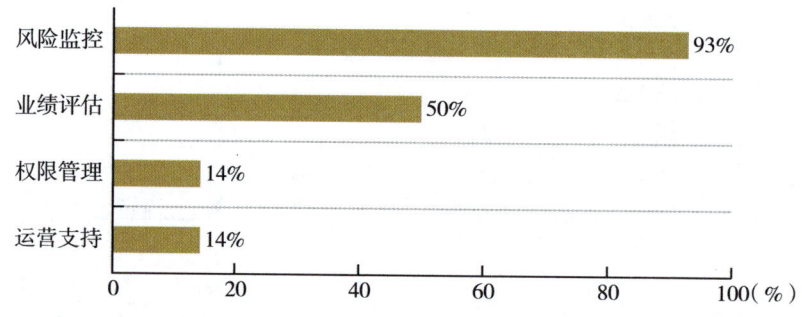

图4-8　保险资金在困境资产投资流程环节面临的问题

资料来源：《保险资金参与困境资产投资调查问卷》

在投前管理环节面临的问题更多，86%的机构认为寻找交易机会和可靠合作伙伴面临一定困难，71%的机构认为项目的投资风险分析困难，64%的机构在投资产品定价中遇到困难，29%的机构认为项目资产负债匹配有一定难度，另有 21% 的机构认为会计核算困难（见图 4-9）。

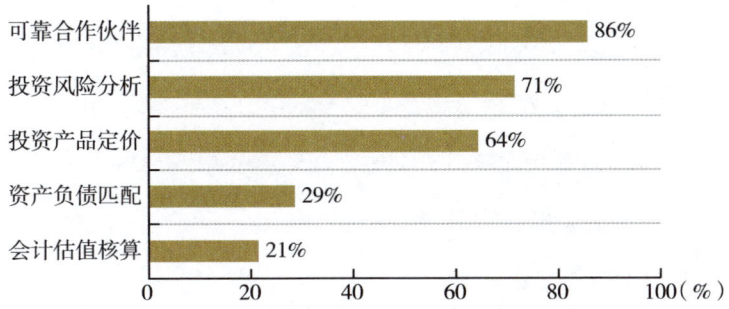

图 4-9　保险资金在困境资产投资的投前管理环节面临的问题
资料来源：《保险资金参与困境资产投资调查问卷》

从投后管理来看，79% 的机构认为信息透明度较低；57% 的机构认为投后风险管理面临困难，项目退出机制有待完善；50% 的机构认为被投资项目重大决策的参与程度不足（见图 4-10）。

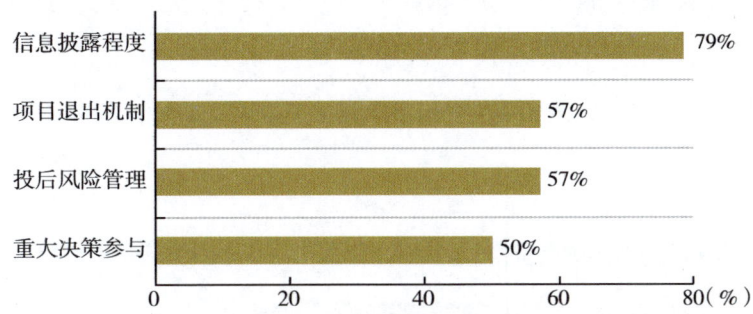

图 4-10　已开展困境资产投资的保险机构在投后管理中遇到的问题
资料来源：《保险资金参与困境资产投资调查问卷》

二、尚未开展困境资产投资的保险机构核心关注因素

（一）关注的首要因素

尚未开展困境资产投资的保险机构，最看重风险与收益的匹配；

其次关注合作伙伴的可靠性；投后管理、收益高低、产品特色也是重点关注的因素（见图4-11）。

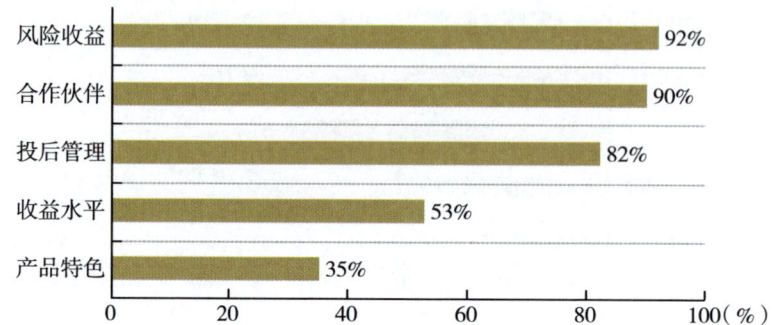

图4-11　尚未开展困境资产投资的保险机构关注的因素

资料来源：《保险资金参与困境资产投资调查问卷》

（二）关注的投资策略

从投资策略来看，不良债权资产包投资策略、不良债转股投资策略和上市公司破产重整投资策略，是尚未开展困境资产投资的保险机构最为关注的投资策略，分别有75%、51%和47%的机构关注。

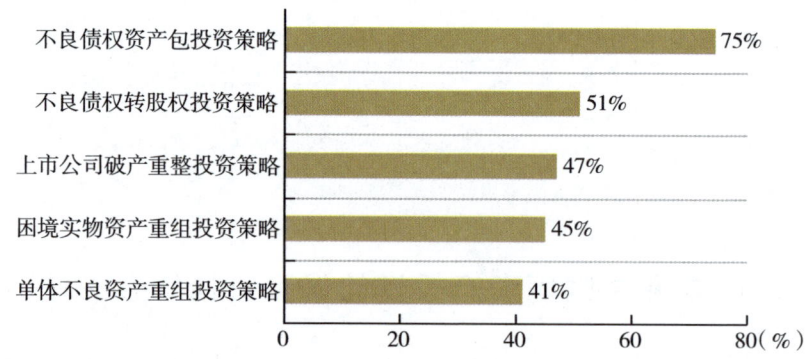

图4-12　尚未开展困境资产投资的保险机构关注的投资策略

资料来源：《保险资金参与困境资产投资调查问卷》

三、保险资金进一步参与困境资产投资面临的制约因素

调研显示，已开展困境资产投资的保险机构最关注专业投资能力不足的问题；其次是认为行业经验缺乏导致资源获取有难度，现阶段尚未形成全流程、多维度协同的生态圈。除此之外，对政策制度不完善也存有一定顾虑（见图4-13）。

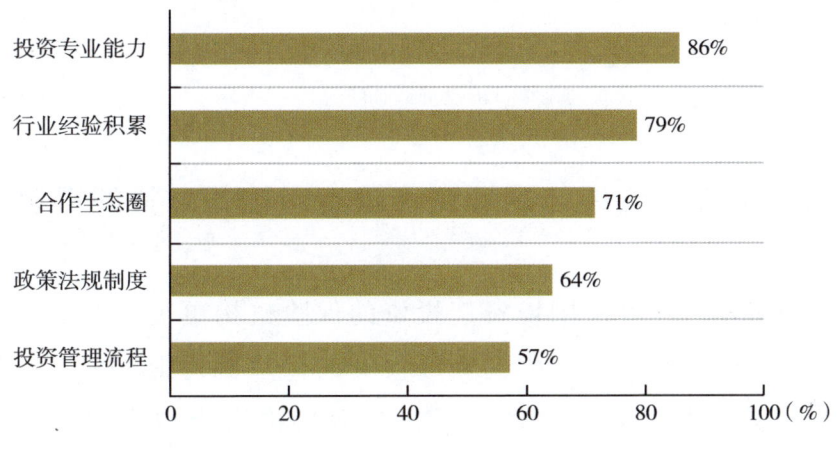

图4-13　已开展困境资产投资的保险机构
面临的主要制约因素

资料来源：《保险资金参与困境资产投资调查问卷》

而尚未开展困境资产投资的保险机构则认为行业经验缺乏、资源获取是目前最主要的制约因素；其次是认为政策制度不完善，合规性存在一定的瑕疵。除此之外，投资专业能力不足、生态圈尚未建立、投资管理流程不够完善、偿付能力因素也是值得关注的制约因素（见图4-14）。后文也会专门就投资能力建设和制度完善提出建议。

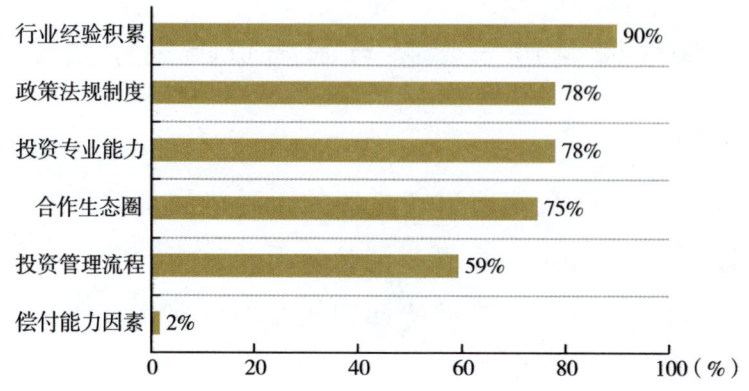

图 4-14 尚未开展困境资产投资的保险机构
面临的主要制约因素

资料来源:《保险资金参与困境资产投资调查问卷》

四、保险资金参与困境资产投资对监管政策的期望

调研显示,已开展困境资产投资的保险机构更关注产品多元化(见图 4-15),而未开展困境资产投资的保险机构则更关注审批备案流程(见图 4-16)。整体来看,多数机构认为加快审批备案流

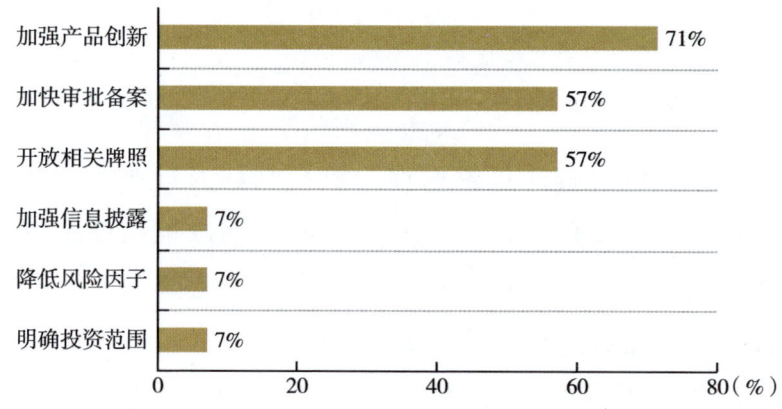

图 4-15 已开展困境资产投资的保险机构对监管政策的期望

资料来源:《保险资金参与困境资产投资调查问卷》

程、加强产品创新和开放相关牌照方面需要监管出台支持政策；在偿二代二期工程的风险度量上希望单独设立困境资产的风险因子，或将困境资产投资的风险五级分类政策与正常资产投资区别管理。

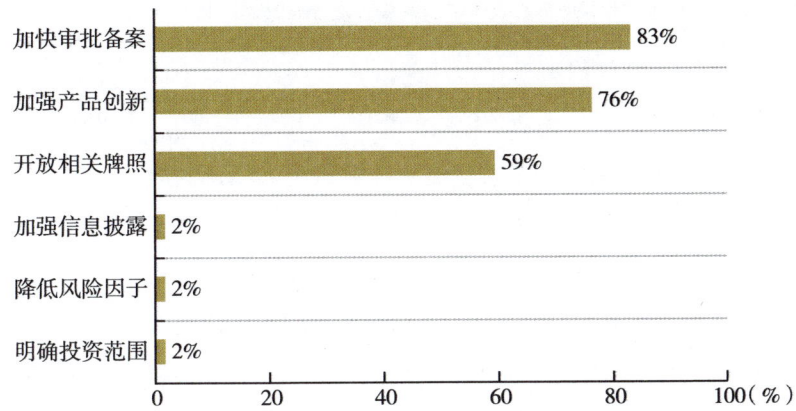

图4－16　尚未开展困境资产投资的保险机构对监管政策的期望

资料来源：《保险资金参与困境资产投资调查问卷》

五、推动保险资管行业发展困境资产投资的支持因素

调研显示，已开展困境资产投资的保险机构内部团队及支持体系相对完善，更关注上下游战略资源共享和生态圈建设，以便更好地开展项目。而尚未开展困境资产投资的保险机构，最关注投资能力建设及内部风险管理能力建设。

整体来看，超八成保险机构认为推动保险资管行业发展困境资产投资需要建设上下游战略合作伙伴网络，加强投资能力建设，并提高内部风险管理能力建设。此外，搭建多层次信息交流分享平台，加强相关业务培训，建设行业标准也有利于支持保险资金参与困境资产投资（见图4－17）。

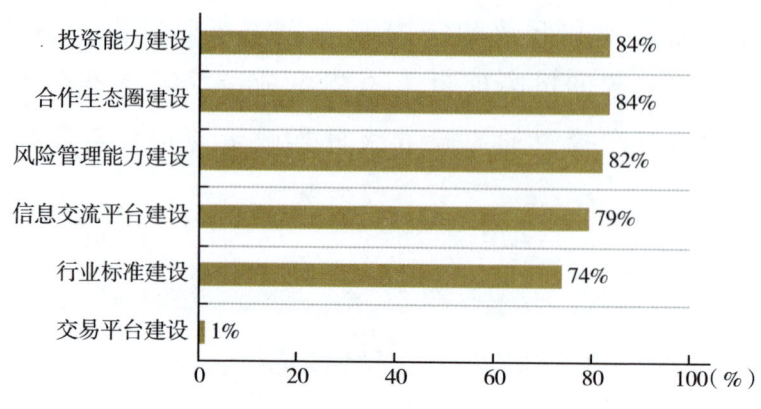

图 4-17 推动保险资管行业发展困境资产
投资的主要支持因素

资料来源：《保险资金参与困境资产投资调查问卷》

第三节 保险资金参与困境资产投资的路径分析

调研显示，保险资金已积极参与困境资产投资，尽管参与主体不多、投资规模不大、业务模式尚不丰富，但通过不断探索和实践，已经取得了一定经验积累，为后续此类业务的拓展与深入奠定了良好基础。结合监管要求以及保险资金自身配置诉求，本部分详细论述保险资金参与困境资产投资的可能路径。

一、保险资金间接参与困境资产投资的路径分析

保险资金间接参与困境资产投资的路径目前主要包括四种：投资困境资产私募股权基金、投资债转股投资计划、投资资产证券化产品、投资纾困产品。

（一）投资困境资产私募股权基金

2010 年《保险资金投资股权暂行办法》（保监发〔2010〕79 号）及 2012 年《关于保险资金投资股权和不动产有关问题的通知》（保监发〔2012〕59 号）明确，符合条件的保险公司可以投资符合条件的投资机构发起设立并管理的私募股权投资基金，为保险机构投资困境资产私募股权基金提供了政策基础。在此背景下，保险资金可通过投资私募股权投资机构发起设立的困境资产私募股权基金间接参与困境资产投资，这种方式可以快速切入困境资产投资领域，适合初期尝试该领域的保险机构。

国寿金石发起设立的困境投资基金募集了规模较大的保险资金，成功投资于某商业银行的困境资产包，基金运作情况良好，为保险资金有限合伙人（LP）获得了可观的投资收益。除此之外，不少中小保险机构也已积极布局市场化困境资产基金管理人（如鼎一投资、湖岸投资、鼎晖百孚等）发起设立的困境资产私募股权投资基金（见表 4-1）。

表 4-1　市场化困境资产私募股权基金管理人示例

管理人	累计管理规模	投资方向	产品类型	险资配置规模
鼎一投资	90 亿元	不良资产包 实物资产投资 困境企业股权投资	私募股权类	46 亿元
湖岸投资	超过 80 亿元	不良资产包 实物资产投资 资产/企业重组	其他类	8 亿元
鼎晖百孚	超过 200 亿元	主要为不良资产包业务	其他类	约 3 亿元

但由于资源禀赋、投资能力及处置能力等不同，上述基金管理人发行的基金产品在投资方向上具有较为明显的差异：

- 鼎一投资在成立初期即构建了涵盖不良资产包投资、困境实物资产投资和困境企业重组类投资三大策略的组合投资策略。
- 湖岸投资在近几年的发展中，也从不良资产包的投资逐渐拓展到实物资产投资及企业重组类投资，投资方向较为全面。
- 鼎晖百孚现阶段依然专注不良资产包的投资。

除了投资方向的差异外，基金产品的交易结构也有所不同，最为典型的基金在产品层面及 SPV 层面均为平层结构，有的基金在产品层面即进行结构化分层，保险机构可通过投资基金的优先级份额，获取较为稳定和固定的收益。此外，还有基金在产品层面为平层结构，但在底层 SPV 层面，合作服务商以保证金的形式充当 SPV 层面的劣后方，基金获取较为稳定和固定的收益。

此外，少数市场化的夹层基金，比如鼎晖投资发行的夹层基金其中之一的投资策略为困境资产投资，不少保险机构也通过投资鼎晖夹层基金间接参与了困境资产投资。

（二）投资债转股投资计划

《2018 年降低企业杠杆率工作要点》（发改财金〔2018〕1135号）明确指出，支持符合条件的银行、保险机构新设实施机构。2018 年，中国银保监会发布《关于进一步做好信贷工作提升服务实体经济质效的通知》，鼓励商业银行、金融资产投资公司、金融资产管理公司、信托公司、保险机构等积极参与市场化法制化债转股，推动已签约项目尽快落地。2019 年 1 月，建信人寿投资了"建信投资—中鼎国际债转股投资计划"，此为保险资金通过投资债转股投资计划参与困境资产投资的典型案例。

2020 年，《关于金融资产投资公司开展资产管理业务有关事项的通知》指出，允许保险资产管理机构等机构使用自有资金、合法筹集或管理的专项用于市场化债转股的资金投资债转股投资计划，进一步明确了保险资金可通过投资债转股投资计划间接参与困境资产投资。

（三）投资资产证券化产品

2014年《关于加快发展现代保险服务业的若干意见》明确提出，支持保险机构探索发起资产证券化产品，鼓励保险机构通过资产支持计划形式，直接对接存量资产，为实体经济提供资金支持。2015年《资产支持计划业务管理暂行办法》进一步明确，资产支持计划是面向保险机构等合格投资者发行受益凭证的业务活动。2016年《关于金融支持工业稳增长调结构增效益的若干意见》提出，探索开展不良资产证券化试点。2019年《关于资产支持计划注册有关事项的通知》对保险资产管理机构首单资产支持计划之后发行的支持计划，实行注册制管理，发行效率大大提升。在此背景下，保险机构开始尝试通过投资资产证券化产品间接参与困境资产投资。

2019年，市场成功发行"华泰－华融1号资产支持计划"，其基础资产为华融持有的不良债权收益权，是保险资产支持计划首次涉足困境资产领域。

（四）投资纾困产品

2018年10月，《关于保险资产管理公司设立专项产品有关事项的通知》指出，允许保险资产管理公司设立专项产品，发挥保险资金长期稳健投资优势，参与化解上市公司股票质押流动性风险，为优质上市公司和民营企业提供长期融资支持，维护金融市场长期健康发展。

截至目前，已有国寿资产、阳光资产、太平资产、人保资产、新华资产、太保资产、华泰资产、泰康资产、中再资产等多家保险资管公司，在中保保险资产登记交易系统完成专项产品的登记。国寿资产、阳光资产、人保资产、新华资产、平安资产、太平洋资产、华泰资产、大家资产、华安资产 9 家保险资管公司的专项产品已正式成立。

二、保险资金直接参与困境资产投资的路径分析

保险资金直接参与困境资产投资的路径目前主要包括两种：投资困境企业股权及投资困境不动产。

（一）投资困境企业股权

困境企业股权投资，是指以股权形式投资陷入困境的企业，对其业务、债务、资产等进行重组整合，达到实施救助、盘活资源和创造价值的目的，并据此获得投资回报的行为。困境企业股权投资路径的重要切入点为项目资产重组重整业务，依托于股权投资管理经验，在公司运营困难的急售时期甚至是破产清算过程中进入，从而以较低的价格购买资产，后期通过运营管理能力帮助公司走出困境，进而实现退出。

目前，保险资金直接参与困境企业股权投资不符合现行的相关监管规定，需要进一步探索业务模式。

（二）投资困境不动产

2010 年《保险资金投资不动产暂行办法》（保监发〔2010〕80 号）指出，允许符合条件的保险机构采用债权、股权或者物权方式投资不动产，但仅限于商业不动产，办公不动产，与保险业有关的养老、医疗、汽车服务等不动产，以及自用性不动产。保险资金投资的不动产，应当产权清晰，无权属争议，相应权证齐全合法有效；地处直辖市、省会城市或者计划单列市等具有明显区位优势的城市；

管理权属相对集中，能够满足保险资产配置和风险控制要求。此外，通过物权方式投资的不动产，需满足取得国有土地使用权证、建设用地规划许可证、建设工程规划许可证、施工许可证及预售许可证或者销售许可证的可转让项目以及取得产权证或者他项权证的项目。

困境不动产投资主要包括三类机会。

一是原业主有债务支付压力急于出售但尚未陷入违约，保险资金有机会折价买入不动产，经过经营提升后再卖出赚取收益。此类投资单笔金额相对较大，市场流动性较低，但保险资金的长期属性决定了可以参与此类投资。为降低投资风险，此类投资机会选择的不动产基本位于一线城市，且已经竣工投运并且具有较为充足的经营现金流。也有部分保险机构投资二线城市此类资产，这类不动产一般有散售的可能性，流动性风险得到缓解。

二是原业主已经陷入违约状态，抵押资产进入拍卖环节，保险资金通过参与法拍低价获取不动产，清理完法律问题后再卖出获取收益。此类投资单笔金额相对更低，市场流动性较高，投资区域选择上可以更宽。但需要注意的是，拍卖完成后关于税务分担、新产权证办理、租户清理、租赁合同转换、物业管理问题等均具有一定的不确定性，这一点不同于普通的不动产投资。但因为有较大的价格折扣，这类投资的市场风险较小。

三是购买困境资产私募股权基金管理人梳理完所有法律问题后的优质不动产，此时资产本身不存在查封、抵押等法律瑕疵，保险机构核心关注的是租金收益以及物权资产的价值。

从理论上说，如果困境不动产满足《保险资金投资不动产暂行办法》相关要求，符合条件的保险机构可通过投资困境不动产低价获取不动产物权。

除上述所列间接及直接参与路径外，保险机构可以与地方合作设立资产管理公司或入股资产管理公司，以获取困境资产业务资源，利用专业管理团队的能力获得稳定收益。通过此途径参与困境资产投资，风险较小，与保险资金追求稳健投资相匹配。截至目前，通过此方式参与困境资产投资的保险机构较少，例如幸福人寿入股山东省金融资产管理股份有限公司、中国平安通过旗下子公司入股重庆富城资产管理有限公司和深圳市招商平安资产管理有限责任公司等（见表4-2）。

表4-2　　　　　　　　参股AMC保险机构示例

时间	参与保险机构	事件
2015年4月	幸福人寿	幸福人寿参与投资设立山东省金融资产管理股份有限公司，投资额3.2亿元，持股15.76%
2017年3月	中国平安	深圳市招商平安资产管理有限责任公司成立，平安集团下属中国平安人寿保险股份有限公司出资39%
2017年6月	中国平安	中国平安通过旗下子公司，间接参股重庆富城资产管理公司

资料来源：课题组整理

第四节　保险资金参与困境资产投资的能力建设

与保险机构配置的其他资产相比，困境资产具备的抗周期属性，使其在经济下行环境下具备特殊的配置意义，而较高收益风险比带来的比较优势和折价性产生的安全保障，也符合保险资金收益属性的需求；但困境资产投资的资产多样性、法律关系复杂性、运营非标准性等，也对保险机构的投资管理能力提出了较高要求。本部分围绕资产认知能力、组织决策能力、大类资产配置能力、投资研究能力、管理人选择能力、法律风险识别及处置能力、风险管理能力、投后管理能力、信息化建设能力这九大能力的建设展开（见图4-18）。

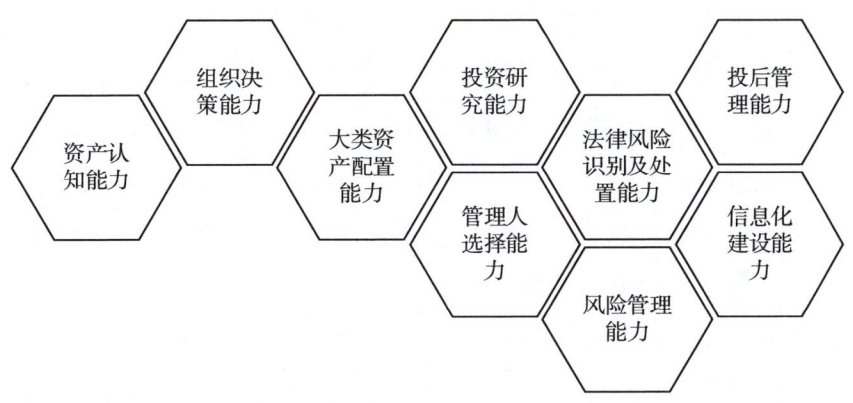

图4-18　保险机构开展困境资产投资业务九大能力建设

资料来源：课题组整理

一、资产认知能力

在进行困境投资时，对资产有正确的认知是投资的前提。困境资产整体有较强的抗周期属性，涉及资产种类较多，投前定价难度较大，投中交易复杂，投后运营管理更注重精细度和时效性，对投资机构整体投资管理能力和运营管理能力的要求较高。困境资产从获取到运营退出，相对标准化资产而言周期更长，不确定性更大。但困境资产通常在获取阶段相对市场价值有较强的价格折扣保护，这也是其较高收益的主要来源，同时持有期的价格向下波动风险不大，主要是运营处置中面临的不确定性。

困境资产种类较为复杂，大致可分为股权、债权和物权，对不同资产固有属性的基本认知是判断困境资产的基础。困境股权资产更看重困境企业重组盘活的难度以及恢复经营后的价值提升空间，不同难度和价值空间的困境企业可能会适用于债务重组、破产清算、破产重整等不同的重组盘活方式；困境债权资产更看重底层资产的快速变现价值以及资产处置的时间，根据债务方的偿还能力及其债务关系复杂程度选择合适的处置方式；困境物权资产更看重物权资产用途性质、流动性以及是否具备改造提升的运营价值，法律瑕疵的修复、租赁问题的解决、物权资产的重新定位和改造等均可提升物权资产价值。

同时，由于困境资产参与的路径多样，对于投资团队熟悉产品特性提出了更高要求。投资私募股权基金主要考察管理人的投管能力，投资债转股项目和纾困产品主要看重底层单一资产的投资价值，投资证券化产品主要看重结构设计和风险保障，直投类则侧重于底层地产的获取途径和相关运营管理。

困境资产的所处阶段不同，对资产的认知角度也有较大差别。以法拍物权资产为例。在法拍前，债权人常作为抵押权人享有该物权资产的抵押权，而不是物权资产的所有权人。此阶段核心关注的是物权资产债权相关的法律风险以及快速变现价值。而在法拍完成并办理过户后，法拍竞得人直接持有物权资产，为物权资产的所有权人，此时资产本身不存在查封、抵押等法律瑕疵。此阶段核心关注的是该物权资产如何取得新的产权证、通过重新定位及改造运营，提高租金收益，实现物权资产价值的修复及提升。

二、组织决策能力

通常，困境资产投资的交易结构较为复杂，持有时间较长，流动性较差，因此在组织决策上一般需要较多的决策环节和较高的决策层级。

在组织决策中，需要设置合理的决策环节、每个环节的参与人员、每个决策环节的决策时点以及每个环节的重点决策内容。通常，在资产管理部门内部负责投资的前台部门负责全程管理困境资产投资、风险、合规、法务、投后等部门负责专业支持。在决策机制上，设有立项会、评审会和投决会。立项会和评审会主要在资产管理部门内部设立，投决会在公司层面设立，可视项目情况设立多层级投决会（见图4-19）。

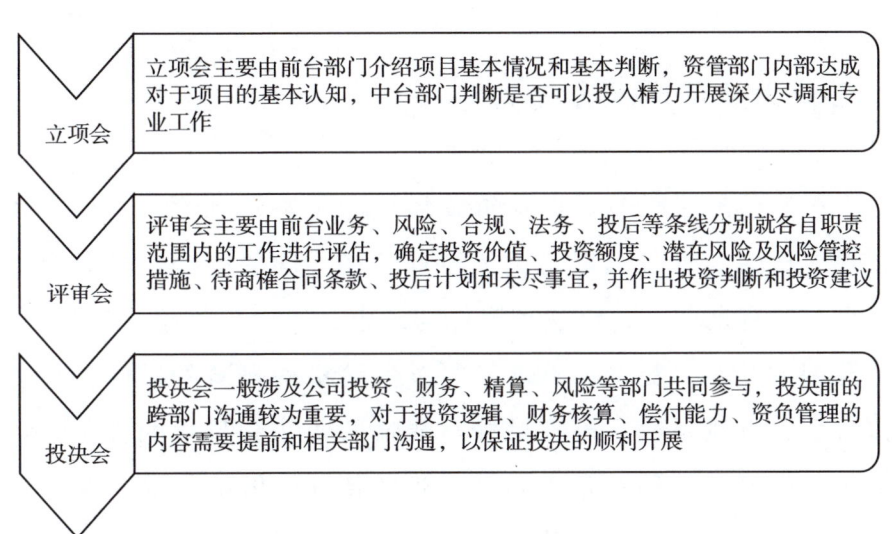

图4-19　保险机构开展困境资产投资业务组织决策能力建设

资料来源：课题组整理

立项会主要由前台部门介绍项目基本情况和基本判断，资管部门内部达成对于项目的基本认知，中台部门判断是否可以投入精力开展深入尽调和专业工作。建议在立项阶段本着严格、严谨、严肃的原则，尽量将硬伤、原则性问题在立项前解决，避免资源浪费。

立项会后，投资条线、风险条线、法务投后条线开始进入深度尽调，完成商业尽职调查、法务尽职调查、财务尽职调查、商务谈判、风控管控措施、投后工作计划等工作，最终进入评审阶段。

评审会主要由前台业务、风险、合规、法务、投后等条线分别就各自职责范围内的工作进行评估，确定投资价值、投资额度、潜在风险及风险管控措施、待商榷合同条款、投后计划和未尽事宜，并作出投资判断和投资建议。评审通过后，进入投决会。

投决会一般涉及公司投资、财务、精算、风险等部门共同参与，投决前的跨部门沟通较为重要，对于投资逻辑、财务核算、偿付能力、资负管理的内容需要提前和相关部门沟通，以保证投决的顺利开展。

三、大类资产配置能力

大类资产配置能力是保险资金运用的基本管理能力，核心在于根据保险机构的风险偏好与负债特征，在不同的资产类别间合理分配资金及持有期限，最终达到目标与约束、风险与收益的多维平衡。

开展大类资产配置，不仅需要对保险机构自身的风险偏好、现金流特征、负债属性、投资目标有清晰的认知和量化的评估，也需要对每一类投资品种的基本属性、收益特征、风险状况有深入的研究和定位。每一类投资品种在组合里扮演不同的角色，发挥角色效用最大化的同时，也要考虑品种间的相互影响与相互制约，把握同质品种集中和差异品种分散的原则（见图4-20）。

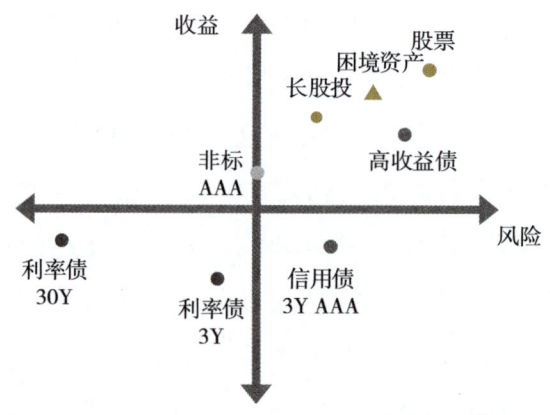

图4-20　困境资产在保险机构大类资产配置中的角色

资料来源：课题组整理

困境资产作为抗周期的代表资产，在大类资产配置中可以有效分散经济周期波动带来的系统性风险。在经济存在下行压力时，困境资产加速暴露，供给数量增加，价格优势体现。此时开展困境资产投资，将有可能获得高于同期其他投资品种的投资收益。同时，在经济下行周期无风险收益率降低、企业融资需求减弱、传统资产供给减少、大类资产通常呈现主力配置品种欠配状态，对于大类资产配置的节奏的把握，是投资困境资产的前提。

四、投资研究能力

困境资产作为非传统行业，底层资产多样，交易结构复杂，运营管理难度大，对投资人的投研能力提出了更高要求。

与一般的股权投资相比，困境资产的类型更加多样，包含债权资产、实物资产和股权类资产。不同资产类型的基本属性不同，导致投资逻辑有巨大差距。这就要求投资人，需先建立对底层标的资产的分析框架，熟悉债权、不动产、股权等基本品种的投资价值判断。在保险资金运用中，债权、不动产、股权三个基本品种都属于大类资产配置的一级主力品种，一般隶属于三个独立的投资部门，其研究、投资、风控、交易、估值等都相互独立，所以在对困境资产进行价值分析时，必须要打破研究边界，提升整体复合分析能力。同时，也是考察管理人投资能力的重要元素。

困境资产投资属于非标准化产品，一般有较为复杂的交易结构。拆分交易结构，充分定价，无论对直接投资还是间接投资都至关重要。交易结构对于资产隔离、收益分配、风险缓释、税收筹划、报表管理等产生不同影响，投资人对于不同交易结构下的资产把控力度不同，所以投资困境资产对设计和判断交易结构提出了较大的能力挑战。

不同困境投资的运营处置方法差异很大，一般保险资金作为直接投资人，多为通过特殊机会获取困境中的底层资产并长期持有。如果涉及运营改造、并购重组或资产处置，则多采用间接投资的方式，通过股权基金或其他产品参与投资。此时，对于管理人运营管理能力和运营效率的判断是保险投资人的重要分析方向，可以通过穿行测试、案例分析等方法提高对管理人运营能力的判断。

困境资产的参与主体众多，资产可能几经转手，且主要交易对手处于经营不善的特殊环境，所以对于投资人来说，对交易对手的人物画像、财务分析、偿债能力和意愿的判断等也是其他投资品种较少涉及的环节。

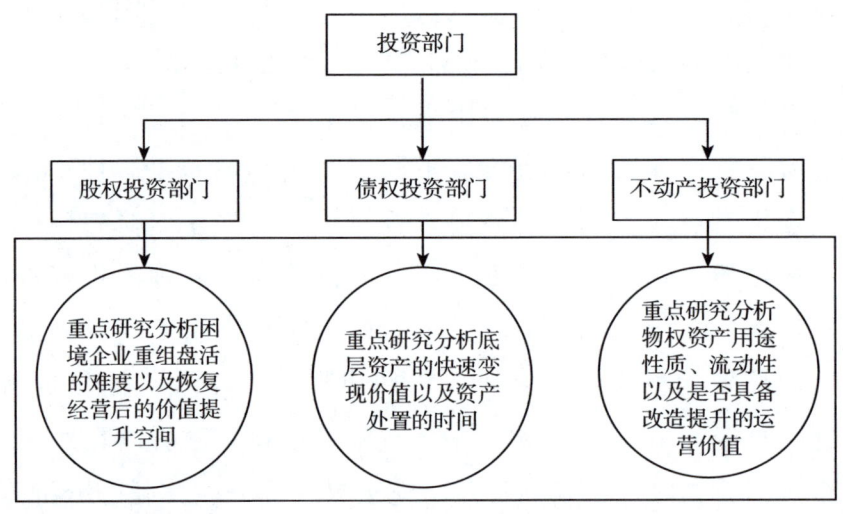

图4-21　保险机构开展困境资产投资业务的投资研究能力建设
资料来源：课题组整理

五、管理人选择能力

调研显示，已参与困境资产投资的机构中，86%的机构认为，选择可靠的合作伙伴是最大的难点。诚然，目前保险机构参与困境资产投资主要通过间接方式，而私募股权基金又是最常见和便利的投资工具。对于私募股权基金投资，管理人选择是核心要点。

总体上来讲，目前国内市场上涉及困境资产投资的管理人相对较少，尤其是长期专注此领域、积累了丰富资源的优质管理人更是稀缺。选择管理人有很多要点，核心是管理人是否在困境资产相关各领域有足够的专业人才。在此之上，管理人需建立完善的制度、流程体系，通过激励约束机制、投研体系，将这些人才聚拢形成高效运转、有战斗力的组织。做到这些以后，基金投资某单个项目的失败就不再是最重要的，完善的组织和流程体系可以保障整个基金层面的投资不会大幅偏离预期目标。

具体到基金产品来说，选择管理人还要注重与基金投资策略的匹配。基金投资的策略不同，对管理人的要求也会有差异。在一些投资策略中，如果基金管理人自身能力不足，还需要通过引入第三方机构，并通过结构化设计来保障保险资金投资收益。第五章将详细介绍管理人考察的方法和要点。

六、风险管理能力

保险公司承担了对投保人未来赔偿与给付的责任，保险资金特有的负债属性决定了保险资金投资安全性是基本基础。全面风险管理是保险资金投资文化的核心要素之一，风险管理能力建设对切实维护保险资金安全稳定的重要性日益凸显。

对于困境投资的风险管理能力建设更着重于业务过程中一道防线的风险识别、风险计量、风险应对、风险监督、风险处置等环节，建立严谨的风险偏好目标、完善的制度流程架构、有效的风险识别方法、全面的内控管理体系、清晰高效的报告体制、灵活的应急处理机制等。

风险管理要求具有独立性、客观性和服务性。风险管理团队在组织架构、汇报线、绩效考核上必须独立于业务团队,风险管理业务融入投资业务的同时,保持自身的独立性。同时,风险管理必须保持对专业的客观性,了解业务、贴近市场、熟悉投资工具的基本属性、理解投资策略、抓住核心风险点、制定有针对性的风险管理措施,都是对风险管理团队的基本要求,也是风险能力建设的重点内容。风险管理团队应致力于为前台业务部门提供有效的风险信息、风险揭示和风险应对措施,助力投资业务发展,将风险判断融入投资决策过程中,将风险管控融入投资实施过程中,将风险监督融入投资全流程。

七、法律风险识别与处置能力

困境资产的债权债务关系通常较为复杂,违规担保、关联方借贷、高利息民间借贷等问题多发,常涉及诉讼执行、企业破产(清算/重整)、国企改制、兼并收购等问题。相对于其他投资品种,困境资产投资对金融与法律的结合、收益和风险的平衡也提出了更高的要求。

困境资产自身的法律瑕疵、交易主体众多而引起的复杂纠纷,及各方博弈造成的困境资产处置过程中的壁垒,都需要实践经验丰富的法务人员针对性地处理相关法律问题,提前进行风险预判。困境资产的投资、处置和退出的全流程,要求保险机构具备审慎、专业的法律综合能力。

保险资金间接参与困境资产投资,还需对产品交易结构的合规性、底层资产的真实性、法律文件的有效性、后期处置的时效性等多方面、各阶段进行专业法律审查。同时,也需要保险机构从法律角度对产品管理人的诉讼清收、法律追索、债务重组、盘活重整等能力进行系统评估。

保险资金直接参与困境资产投资，保险机构需演变为困境资产投资的共同研发者和助推者，从法律尽职调查阶段的资产档案调查、债权确权、债务人访谈、押品流通性核实、抵押物瑕疵清除、司法判决率，到处置阶段的债务重组、财产保全、公开拍卖、协议转让、资产置换、和解、司法诉讼、强制执行、证券化等退出路径探索，保险机构的法律风险识别和处置成为投资风险防控的重中之重。

优秀的困境资产投资法律风险识别与处置能力，还需要跨界整合，与时俱进。一项复杂的困境资产的盘活，需要打通法律、金融、地产等多个维度，需要对项目进行深度的利益重组和预期重组，并找到合适的单点突破口，紧跟当前司法实践，把握审批趋势，结合政策导向，促进投资达成及投资收益实现。

八、投后管理能力

投后管理能力作为主动管理能力的重要一环，是困境资产投资中时间跨度最长、管理难度最大的阶段。"重投前轻投后"的认识转变、"重投资轻管理"的模式升级、从"投"到"管"的不断深化，都需要独立、规范、专业、高效的投后管理队伍，这对于做大做强资管业务，具有非常重要的支撑保障意义。

由于困境资产日益多元化、个性化，产品创新层出不穷，产品类型日趋丰富，贯穿投前、投中、投后的全流程全生命周期管理是十分重要和必要的。投后工作是以投资资金进入被投标的为起点，直至投资资金退出的时间周期内，由专职的投后管理人员持续监控项目风险变化，严格落实合同条款及投资预期，并为投资前台以及被投项目提供各项增值服务的全周期、一揽子管理运作。

虽然投后管理的主要工作在投资缴款之后，但投后人员应尽早参与项目分析、项目尽调和项目评审，在投前确定投后工作要点和落实计划，并将投后工作难度充分考虑到投前定价中，尽可能将投后问题在投前解决。

投后管理中，比较重要的是退出阶段。退出方式应区分正常退出和非正常退出，根据退出时点，按照对公司最有利的原则选择退出方式。正常退出一般需严格按照合同约定的条款进行；非正常退出应坚持公司利益最大化的原则，特别是出现重大风险事件后，应参照投前决策程序，研究讨论退出方案并逐级审批。

保险机构应该建立适合自身发展需要的投后管理模式，形成权责清晰、监督制衡、深入完整的创新投后管理方案，根据不同品种进行投后管理模式的灵活调整，在机制保障上，力争做到职责明确、操作规范、全程监控、及时有效、严控风险（见图4-22）。

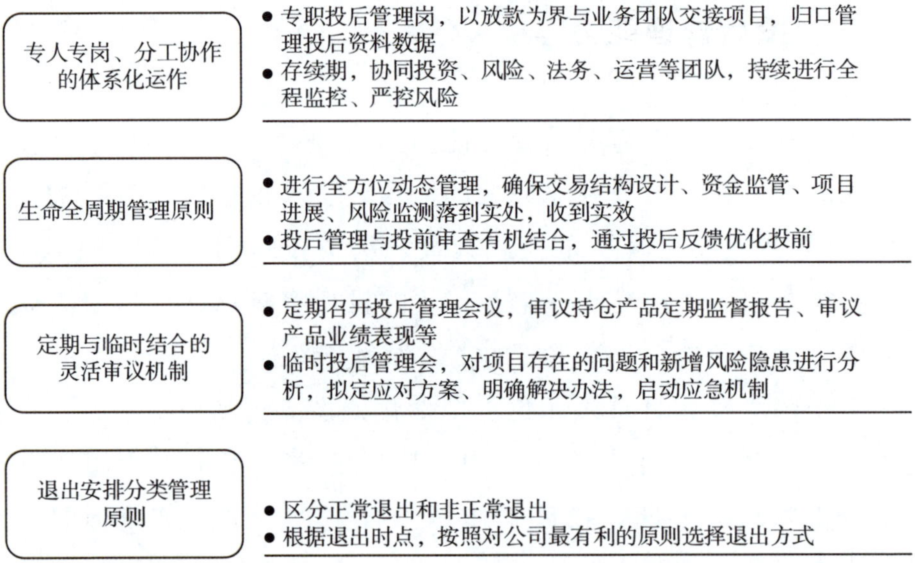

专人专岗、分工协作的体系化运作	• 专职投后管理岗，以放款为界与业务团队交接项目，归口管理投后资料数据 • 存续期，协同投资、风险、法务、运营等团队，持续进行全程监控、严控风险
生命全周期管理原则	• 进行全方位动态管理，确保交易结构设计、资金监管、项目进展、风险监测落到实处，收到实效 • 投后管理与投前审查有机结合，通过投后反馈优化投前
定期与临时结合的灵活审议机制	• 定期召开投后管理会议，审议持仓产品定期监督报告、审议产品业绩表现等 • 临时投后管理会，对项目存在的问题和新增风险隐患进行分析，拟定应对方案、明确解决办法，启动应急机制
退出安排分类管理原则	• 区分正常退出和非正常退出 • 根据退出时点，按照对公司最有利的原则选择退出方式

图4-22 保险机构开展困境资产投资业务投后管理能力建设

资料来源：课题组整理

九、信息化建设能力

在大数据时代，信息化建设对业务发展有极大的辅助和推动作用。通过不断完善数据平台、量化工具和信息系统，规范化数据的存储和使用，减少手工进行数据获取和分析的场景，挖掘和提升数据的价值，对投资管理职能和流程的演变也会有推动作用。

困境资产投资实践过程中，投资价值判断和内控管理对业务开展有极强的指引和规范作用。随着经济数据、金融数据和行业数据的爆发式增长，价值判断和内控管理面对的数据量每年都会达到前所未有的水平，探寻数据中有效信号的难度也越来越大。信息化建设在满足业务开展基本诉求后，应发挥其在数据方面的优势，对投资价值判断的验证和内控量化指标的精细化提供协助，有效推动资产管理业务的发展。

在信息化建设路径上，保险机构应充分考虑边际优势，业务上发挥自身的积累，技术上不应单一依赖自身IT部门的运营管理，而是与专业的大数据、云计算公司开展合作。近年来，也有越来越多的保险机构开始意识到大数据时代带给保险业的挑战与机遇，选择与IBM、Oracle、SAP等大型IT类企业开展搭建内部数据处理与云端共享的相关合作。

第五节 保险资金参与困境资产投资的问题与建议

在政策指引下，保险资金已开始参与困境资产投资，并进行了多种路径的探索和实践,但仍然面临投资品种现有政策规定的适用性问题、偿二代工程底层资产的认定问题、困境资产投资行业的发展阶段问题。

一、投资品种现有政策规定的适用性问题

(一)保险资金间接参与困境资产投资借鉴与适用的相关政策

当前,保险资金主要通过私募股权基金即有限合伙的形式间接参与困境资产投资策略。困境资产投资的底层资产多样化,涉及债权资产包、不动产物权、未上市企业股权或股票质押等,导致困境资产投资在投资品种认定上存在一定难度,选择适用法规时也出现一些偏差。建议参照国际经验,产品层面归属为私募股权基金,投资策略灵活多样,同时对保险资金投资困境资产出台专项通知,既不影响现有险资规则体系,也为困境资产投资业务开辟灵活的政策空间。可以专项通知的方式明确困境资产投资政策依据对保险机构实行基于能力的差异化监管,对具备股权投资能力机构允许投资困境资产私募股权基金。相关政策见表4-3。

表4-3 保险资金间接参与困境资产投资借鉴与适用的相关政策

相关政策	主要内容
《保险资金投资股权暂行办法》(保监发〔2010〕79号)	明确了保险公司间接股权投资需满足的条件、发起设立并管理股权投资基金的投资机构需满足的条件、相关专业机构需满足的条件;同时,明确了投资基金及相应的投资标的需满足的条件等
《保险资金投资不动产暂行办法》(保监发〔2010〕80号)	明确了保险公司投资不动产需满足的条件、投资机构需满足的条件、相关专业机构需满足的条件;同时,明确了保险资金投资的不动产需符合的条件、不动产相关金融产品需符合的条件以及投资不动产可以采用的投资方式等

续表

相关政策	主要内容
《中国保监会关于保险资金投资创业投资基金有关事项的通知》（保监发〔2014〕101号）	明确创业投资基金具体定义、保险资金可以投资的创业投资基金基金管理机构满足的条件、创业投资基金需满足的条件、保险公司创业投资基金需满足的条件等
《中国保监会关于保险资金投资政府和社会资本合作项目有关事项的通知》（保监发〔2017〕41号）	针对PPP项目公司融资特点，给予了充分的政策创新支持： 一是拓宽投资渠道，明确保险资金可以通过基础设施投资计划形式，向PPP项目公司提供融资 二是创新投资方式，除债权、股权方式外，还可以采取股债结合等创新方式，满足PPP项目公司的融资需求 三是完善监管标准，取消对作为特殊目的载体的PPP项目公司的主体资质、信用增级等方面的硬性要求，交给市场主体自主把握 四是建立绿色通道，优先鼓励符合国家"一带一路"倡议以及京津冀协同发展、长江经济带、脱贫攻坚和河北雄安新区等发展战略的PPP项目开展融资
《关于保险资产管理公司设立专项产品有关事项的通知》	一是设定了产品管理人条件，要求产品管理人应具有发行组合类保险资产管理产品业务资格 二是明确了专项产品的投资范围，主要包括上市公司股票、上市公司及其股东公开发行的债券和非公开发行的可交换债券等 三是强调了专项产品的退出安排，支持保险机构发挥机构投资者作用，维护上市公司长期稳健经营，同时明确了产品的退出安排和方式，确保平稳退出 四是制定了专项产品风险管控措施。从专户管理、封闭期、存续期、投资集中度、事前登记、信息披露、关联交易等方面提出了具体要求 五是明确该产品不纳入保险公司权益类资产计算投资比例

资料来源：课题组根据公开信息整理

（二）保险资金投资不动产和投资股权相关办法

对于直接投资困境资产，目前的不动产和股权管理办法，均对底层资产有明确的要求，具体法规见表4-4。

表 4-4　保险资金投资不动产和投资股权相关办法

制度名称	主要内容
《保险资金投资不动产暂行办法》（保监发〔2010〕80号）	保险资金可以投资符合下列条件的不动产： （1）已经取得国有土地使用权证和建设用地规划许可证的项目 （2）已经取得国有土地使用权证、建设用地规划许可证、建设工程规划许可证、施工许可证的在建项目 （3）取得国有土地使用权证、建设用地规划许可证、建设工程规划许可证、施工许可证及预售许可证或者销售许可证的可转让项目 （4）取得产权证或者他项权证的项目 （5）符合条件的政府土地储备项目 保险资金投资的不动产，应当产权清晰，无权属争议，相应权证齐全合法有效；地处直辖市、省会城市或者计划单列市等具有明显区位优势的城市；管理权属相对集中，能够满足保险资产配置和风险控制要求 保险资金可以投资符合下列条件的不动产：保险资金投资的不动产，应当产权清晰，无权属争议，相应权证齐全合法有效；地处直辖市、省会城市或者计划单列市等具有明显区位优势的城市；管理权属相对集中，能够满足保险资产配置和风险控制要求
《保险资金投资股权暂行办法》（保监发〔2010〕79号）	保险资金直接或者间接投资股权，该股权所指向的企业，应当符合下列条件： （1）依法登记设立，具有法人资格 （2）符合国家产业政策，具备国家有关部门规定的资质条件 （3）股东及高级管理人员诚信记录和商业信誉良好 （4）产业处于成长期、成熟期或者是战略新型产业，或者具有明确的上市意向及较高的并购价值 （5）具有市场、技术、资源、竞争优势和价值提升空间，预期能够产生良好的现金回报，并有确定的分红制度 （6）管理团队的专业知识、行业经验和管理能力与其履行的职责相适应 （7）未涉及重大法律纠纷，资产产权完整清晰，股权或者所有权不存在法律瑕疵 保险资金不得投资不符合国家产业政策、不具有稳定现金流回报预期或者资产增值价值、高污染、高耗能、未达到国家节能和环保标准、技术附加值较低等企业股权。不得投资创业、风险投资基金。不得投资设立或者参股投资机构

续表

制度名称	主要内容
《中国银保监会关于保险资金财务性股权投资有关事项的通知》（银保监发〔2020〕54号）	保险资金开展财务性股权投资，所投资的标的企业不得存在以下情形： （1）不具有稳定现金流回报预期和确定的分红制度，或者不具有市场、技术、资源、竞争优势和资产增值价值 （2）最近三年发生重大违约事件 （3）面临或出现核心管理及业务人员大量流失、目标市场或者核心业务竞争力丧失等重大不利变化 （4）控股股东或高级管理人员最近三年受到行政或监管机构重大处罚，或者被纳入失信被执行人名单 （5）涉及巨额民事赔偿、重大法律纠纷，或者股权权属存在严重法律瑕疵或重大风险隐患，可能导致权属争议、权限落空或受损 （6）与保险机构聘请的投资咨询、法律服务、财务审计和资产评估等专业服务机构存在关联关系 （7）所属行业或领域不符合宏观政策导向及宏观政策调控方向，或者被列为产业政策禁止准入、限制投资类名单，或者对保险机构构成潜在声誉风险 （8）高污染、高耗能、未达到国家节能和环保标准、产能过剩、技术附加值较低 （9）直接从事房地产开发建设，包括开发或者销售商业住宅 （10）银保监会规定的其他审慎性条件

资料来源：课题组根据公开信息整理

按照现有办法，直接参与困境资产的难度相对较大。需要修订现有不动产及股权管理办法，或者单独制定困境资产投资管理办法及对应的能力要求。

二、偿二代工程底层资产的认定问题

当前，保险资金主要通过私募股权基金的形式间接参与困境资产投资策略。在现行偿付能力监管规则中，《保险公司偿付能力监管规则第7号：市场风险最低资本》规定，未上市股权投资基金统一以 0.31 作为风险因子系数计入市场风险最低资本下的权益价格风险最低资本。困境资产基金底层资产主要为折价受让的债权和企业股权，也包括资产处置后形成的不动产等物权类资产。从投资策略与底层资产的角度看，困境资产基金的风险水平显著低于其他以未上市企业股权为基础资产的股权投资基金。但现行偿付能力监管制度中未针对各类股权基金的投资策略与底层资产的差异性进行调整，最低资本占用的比例相对于业务的实质性风险而言显得偏高，不利于保险机构更加深入的参与困境资产投资业务。

目前，正处在征求意见阶段的偿二代二期工程预计将在2021年开始正式施行。二期工程对现行偿二代规则进行了修订和升级，对困境资产投资在偿付能力认定方面，增加了风险穿透计量的要求。根据偿二代二期工程的规定，股权投资基金被认定为非基础资产，在最低资本计算中必须要穿透至底层资产进行计量。如果在操作过程中无法穿透，则需要以具有较大惩罚性的0.6作为最低资本风险因子。穿透计量原则在逻辑上让资产的最低资本计量更加接近业务的风险实质，但实际操作过程中也有在一些环节中没有充分考虑到困境资产投资策略的业务特点和差异性。

第一，根据偿二代二期工程中《保险公司偿付能力监管规则第7号：市场风险和信用风险的穿透计量》的相关要求，在最低资本的穿透计量中增加了交易结构风险特征系数 K_p，这使得在持有同样底层资产的情况下每多增加一层交易结构则需要多增提10%的最低资本。困境资产投资在操作过程需要较多地使用法律诉讼等方式进行资产处置；并且出于风险隔离的要求一般会采用在股权基金层面下设置SPV的方式受让资产包，比普通的股权基金额外增加了一层交易结构，这也增加了10%的最低资本要求。但不同于其他股权投资基金，困境资产基金下增设的SPV结构是以风险隔离为目的的，没有改变底层资产的风险收益特征，不仅没有增加风险或者使风险情况复杂化，反而是一种有力的风险管控措施。建议在偿付能力相关政策的制定中更多地考虑困境资产投资的业务特点，不再对以风险隔离为目的而设置的交易结构增加额外的最低资本要求。

第二，偿二代二期工程的穿透计量原则中将特殊目的载体（SPV）认定为非基础资产。在困境资产投资策略中 SPV 主要用于受让资产包，在资产包拍卖定价过程中一般采用整体打包的方式进行定价，对于资产包中逐笔资产的账面价值存在计量可靠性不足或者计量操作成本过高的问题。上述问题使得困境资产基金中的非基础资产在最低资本计算中无法有效进行穿透计量，必须要接受高达 0.6 的惩罚性风险因子，不仅远高于偿二代一期工程中 0.31 的风险因子，也大幅高于二期工程下的其他股权投资基金的平均风险因子。

第三，对于困境资产基金在穿透后会持有债权形式的底层资产。偿二代二期工程的最低资本计量规则中，对于由普通投资恶化所形成的困境资产和通过困境资产策略折价购买所获得的困境资产没有进行区分。根据偿二代二期工程中《保险公司偿付能力监管规则第 9 号：信用风险最低资本》的相关要求，底层资产为贷款资产的，应当按照贷款资产风险分类等级确定风险因子。对于困境资产策略中穿透后为次级类、可疑类和损失类贷款类资产，需要以 0.3～1 的系数比例计提交易对手违约风险最低资本，没有体现大幅折价购买和抵押品价值所提供的安全边际，也造成最低资本的风险计量结果没有很好地体现业务风险实质。

基于上述几点原因，偏高的风险因子使得保险机构在参与困境资产投资策略中需要面临偏高的最低资本占用，不利于保险资金在困境资产领域更加深入地开展业务。建议在偿付能力与其他相关政策的制定环节中，充分考虑困境资产投资策略的业务流程特点和风险实质，对困境资产设立合适的风险系数，为保险资金参与困境资产投资创造更好的政策环境。

三、困境资产投资行业的发展阶段问题

国内困境资产投资行业诞生于亚洲金融危机中,经历了从最开始的政策性时期到商业化转型时期再到全面商业化阶段这三个重要的历史时期。我国困境资产行业的供给端,也从银行端扩展到非银金融机构乃至企业等非金融实体,困境资产规模不断扩大,资产类别更加丰富;处置端也从单一的四大 MAC,发展到"5+2+N"的行业格局;服务机构也随着市场的发展日渐多元化和成熟化,除了完成尽调支持的律师事务所、会计师事务所、资产评估机构以外,拍卖公司、征信公司、担保机构、资产处置平台、证券交易所、第三方信息平台、催收公司等,在困境资产交易和处置过程中也发挥着重要作用。因此,困境资产的处置涉及法律、评估、征信等方方面面。

与传统投资相比,困境资产投资链条较长,参与主体众多,需要投资人具有较强的风险识别能力、资产甄别能力、信息获取能力、针对性估值定价能力、定制化处置退出方案设计能力以及主动处置管理能力。虽然部分保险机构参与过困境资产投资,如困境资产私募股权基金、上市公司纾困项目、债转股项目、上市公司股权项目等,但整体而言,参与困境资产投资的产品品类较少,体量较小,参与度也相对较为单一,投资经验仍较为缺乏。部分参与上市公司纾困项目投资的保险机构,虽然具备了一定的困境股权的投资经验,但可能并未涉及困境债权和困境实物资产的相关处置。因此,保险机构仍处于早期参与阶段,市场上的困境资产投资产品仍需不断打磨,以更好地匹配保险资金的投资属性。

同时,当前国内困境资产投资行业也处于机构化、专业化的早期发展阶段,市场上完成清算的股权基金或资产管理产品较少,

历时业绩积累不足，对于行业评价的难度增加。另外，能独立完成融、投、管、退的优质管理人和管理团队也比较少，满足《保险资金投资股权暂行办法》中对包括治理结构、注册资本、管理团队、管理规模、管理制度等要求的合格管理人则更为稀缺。

基于以上几点因素，建议保险机构可通过与优质管理人合作的方式，先以间接投资的方式参与困境资产投资，在此过程中，逐步积累对困境资产投资行业的产业链、产品特征和参与方式的投资经验。已经开展困境资产投资的保险机构，可深化建设困境资产投资能力，着重布局符合公司风险偏好和投资目标的重点领域，以困境为特殊机会，主动出击寻找资产，扩充产品品类及加大配置体量。对于有意长期深度参与困境资产投资的保险机构而言，则更应组建独立的困境资产投资团队，主动培养自身的投资及处置能力，在帮助化解不良资产的同时获取稳健的长期可持续收益。

对于困境资产行业而言，长期资金的深度参与有助于困境资产的终端处置，真正起到纾困及盘活的功能，从而促进困境资产行业长期健康地发展。

第五章
保险资金参与困境资产私募股权基金实务分析

完整的私募股权基金投资管理工作可分为三个主要阶段：

第一个阶段是从行业基础研究到投资价值评估，即投前阶段；

第二个阶段是从完成投资价值评估到签署交易文件，即投中阶段；

第三个阶段是从完成交易直至退出，即投后阶段。

各阶段重点工作内容如表5-1所示。

表5-1 私募股权基金投资管理工作三大阶段及相应重点工作内容

	投前阶段	投中阶段	投后阶段
重点工作	1. 行业基础研究及项目储备 2. 尽职调查 3. 投资风险评估 4. 投资价值评估	1. 确定协议条款 2. 确定风险解决方案 3. 签署交易文件	1. 日常投后管理 2. 突发事项投后管理 3. 深入业务交流与合作

资料来源：课题组整理。

与其他类别的私募股权基金相比，保险资金参与困境资产私募股权基金在投前、投中和投后的工作具有普遍性和特殊性。普遍性体现在：保险机构需认真开展行业及政策研究，慎重选择合作管理人及基金产品，审慎评估投资风险和投资价值，密切关注协议条款，紧密跟踪项目投资情况，持续跟踪退出及分配进度等。但由于困境资产的特点，保险机构在实际业务中的投研方法、目标对象、风控要点、价值评估、条款设计、投后管理等方面存在特殊性。

保险机构需结合公司投资管理制度，建立适用于公司业务的困境资产私募股权基金投资管理流程。本章结合部分保险机构投资经验，分投前、投中、投后三个阶段，梳理介绍了适用于保险资金参与困境资产私募股权基金的一般性的工作目标、工作方法、工作内容。

第一节 投前阶段

投前阶段，保险机构应重点了解困境资产行业现状和监管政策，在行业基础研究的基础上，利用多种尽职调查方法对基金管理人的投资管理能力、产品结构及底层资产进行全面考察，合理评估投资价值及风险状况。

一、投前准备工作

困境资产私募股权基金的投前准备工作是保险机构对困境资产行业现状、监管政策及项目信息进行初步收集的过程。核心目标包括两方面：一是对行业现状和监管政策进行初步了解；二是积极寻找和储备优质项目并在此基础上对项目进行初步筛选。

保险机构可要求基金管理人提供行业信息和监管政策信息，在此基础上，也需独立搜集和整理第三方资料，以便对行业现状和监管政策得出更为客观的认知和了解。项目储备方面，保险机构可通过与同业交流、参加困境资产行业相关会议等方式建立项目储备库。

困境资产私募股权基金的投前准备工作内容主要包括以下三个方面：行业信息收集、监管政策梳理、项目储备与初筛。

（一）行业信息收集层面

主要考察国内困境资产投资行业的发展周期、当前市场格局、业务模式及业务流程链条，特别是疫情对资产供给和处置端的行业影响。困境资产的投资和处置涉及的司法环节和交易对手较多，保险机构应对此类资产的投资及退出周期、主要的交易对手、可能出现的风险环节及应对措施具有基本判断。但受制于该行业的发展阶段和资产特殊性，困境资产行业的信息披露并不完整，目前尚无翔实的官方行业数据。

（二）监管政策梳理层面

困境资产投资涉及多种底层资产、横跨多个投资领域，产业生态链中参与主体众多，因此相应的监管也存在交叉性，涉及的监管机构包括中国人民银行、中国银保监会、中国证券投资基金业协会以及各地的监管行政部门等。保险机构应主要参考上述监管部门当前对困境资产行业相关的监管政策、保险资金运用相关监管政策，以及未来可能影响行业发展的政策走向等情况。

（三）项目储备与初筛层面

保险机构应通过各种渠道了解目前市场上处于募集期的基金产品或基金管理人新产品的募集计划，对产品的基本信息予以了解，初步筛选出满足保险资金投资私募股权基金合规性要求、公司收益要求和风险偏好的基金产品。

二、尽职调查工作

困境资产私募股权基金的尽职调查是保险机构对基金管理人及其发行的具体基金产品系统的考察和评估的过程，核心目标是通过严格、系统的方法收集信息，对管理人及基金产品进行全面调查，以利于保险机构作出更审慎的投资风险评估和更合理的投资价值评估。通常保险机构的尽职调查工作需要数周时间才能按时完成，并且由于可以公开获取的信息非常有限，尽职调查工作的展开具有一定的挑战性。

保险机构需结合定性调查及定量调查两种方法，综合分析，以获取具有洞察力的调查结果。

- 定量分析方面，保险机构应尽可能收集困境资产行业及政策相关数据，获取基金管理人的经审计的财务数据、历史业绩等情况。
- 定性分析方面，保险机构需要投入大量时间进行尽职调查。这项工作的主要方式是访谈，访谈对象包括基金管理人的创始人（团队）、核心团队成员。但是，为了获取更加客观的有价值的信息，保险机构也需利用关系网，自行寻找访谈对象，例如过往投资的 LP、基金管理人的上下游合作方等（见表 5-2）。

表 5-2　　　　　　　　　尽职调查工作方法

	定量分析方法	定性分析方法
主要工作方法	1. 获取基金管理人财务数据 2. 获取基金管理人历史数据 3. 获取基金产品相关数据 4. 获取困境资产行业相关数据 5. 其他	1. 访谈创始人（团队） 2. 访谈核心团队 3. 访谈过往 LP 4. 其他

资料来源：课题组整理

在掌握了尽职调查工作目的和基本工作方法以后，困境资产私募股权基金的尽职调查工作围绕以下两方面展开：基金管理人尽职调查及基金产品尽职调查。

（一）基金管理人尽职调查

对困境资产私募股权基金管理人的尽职调查，应结合困境资产投资的特殊性予以考察，主要围绕股东背景及公司发展历程、组织架构及团队成员、制度流程及有限合伙人（LP）结构、项目获取能力及资产定价能力、处置管理模式及实际处置能力、历史业绩及信息披露几个方面展开尽职调查工作（见图5-1）。

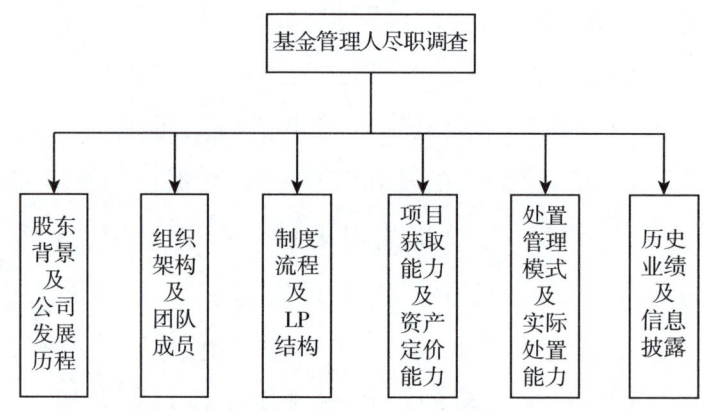

图5-1 基金管理人尽职调查工作主要内容

资料来源：课题组整理

1. 股东背景及公司发展历程考察

股东背景层面，主要考察基金管理人股权结构，股东可协同银行、（拟）上市公司、当地政府等资源的能力，股东对业务的参与情况及支持力度，公司管理团队在公司层面持股情况等。对于追求稳健的保险资金而言，应更加关注基金管理人股东背景对基金持续运营稳定性的影响。合理的股权结构以及相应的公司治理、管理决策机制可以为基金的稳定性提供保障。同时,也要关注股东带来的负面影响,比如关联交易的处理、利益转移和同业竞争等问题。

发展历程层面,主要考察基金管理人自创立至今的公司发展历史情况、发行管理的基金产品序列、投资方向及投资策略的演变、公司发展战略和未来几年的经营规划等方面。

2. 组织架构及团队成员考察

(1) 组织架构层面,主要考察基金管理人目前业务板块的构成、部门设置、人员配置、区域分布,以及这一组织架构与其业务模式的匹配度。具体来说,不同的基金管理人可能会选择"谁投资谁处置"的业务模式,也可能会选择"投资处置相分离"的业务模式。

"谁投资谁处置"模式下,前台团队更了解标的,处置效率较高;但缺点在于容易形成信息孤岛,较难形成统一处置的合力,基金内部资源统一调配效率不高,因此需要组织架构中更加注重团队之间的内部协同。

"投资处置相分离"模式下,精细专业的分工提高团队投资、处置的效能,统一的处置管理团队能够统筹所有项目的投后处置进展,协调多方资源实施更加高效、多样化的处置手段;但投资团队和投后处置团队之间的责任权利划分出现交叉,因此需要组织架构中更加关注责权划分、激励机制设置的合理性及团队协同统筹。

(2) 创始人团队层面,主要考察创始人团队从业经验及开展困境资产投资业务的年限、资源禀赋、创始人之间专业和职能的互补性,以及创始人对基金品牌的增益、项目资源的支持情况。

(3) 业务骨干团队层面,主要考察业务骨干团队从业经历及开展困境资产投资业务的年限、资源禀赋、专业特长的互补性。业内较为成熟的基金的业务团队均呈现着较为合理的年龄与专业互补性,长期实践积累的司法诉讼问题的解决经验、物业资产投资及运营经验及其他困境资产重组盘活相关的跨界整合能力均是困境资产投资业务开展的要素。

困境资产投资由于资产的属地化程度高，跨区域展业难度很大，因此投资区域的选择、属地化业务团队的搭建必不可少。保险机构投资前，需重点考察管理人的业务团队在投资区域选择的考量因素及合理性，属地化业务团队对当地资源的驾驭程度以及在当地真实的投资及处置能力。

3. 制度流程及 LP 结构考察

（1）制度流程层面，除了考察基金管理人投资管理制度及流程、投资决策机制及流程、风险管理制度及风险控制机制、绩效考核及激励机制、资产估值制度外，应特别关注道德风险易发环节的流程控制，比如保密制度的制定和执行、项目退出流程的设定和执行、员工道德风险的教育和惩处等。运行良好的基金除了完善的制度外，制度的执行落实情况也对基金业绩产生较大影响。保险机构在进行投资决策前，应重点关注基金管理人内部制度流程的落实情况。如可抽取若干基金管理人过往退出的项目（如尚无项目退出，则随机抽取其余项目），要求基金管理人提供项目投资管理全流程留档文件，进一步验证考察基金管理人是否已建立完整的投资管理流程及评估其实际执行情况。

（2）LP 结构层面，主要考察基金管理人过往 LP 的类型、品牌及投资黏性，过往 LP 对基金管理人的综合评价。

4. 项目获取能力及资产定价能力考察

（1）项目获取能力层面，主要考察基金管理人积累的上游获取项目的合作方资源，包括不同类型项目信息获取的及时性和全面性，管理人自身团队是否已建立多元且可持续的项目获取渠道，是否会依赖外部项目开发中介、获取项目时的竞争优势等情况。

（2）资产定价能力层面，主要考察基金管理人对不同业务类型建立的估值体系以及估值体系执行情况。比如，第一，考察基金管理人的估值主体，是由自有团队进行尽调并估值定价，还是委托外部机构。对于自有团队进行估值的，要关注其估值系统的公允性与灵活性。一方面，管理人需要有一个较为稳定的估值体系，针对不同类型的资产建立相应审慎的估值方法；另一方面，也需要具有灵活性，适度调整以适应资产获取环境的变化、所处司法阶段的差异等，基金管理人需针对不同特征的资产选择合理的折现率、处置时间等关键估值假设，确保能够相对审慎地给出资产的估值。第二，考察基金管理人现场尽调的流程和执行标准。基金管理人对底层资产进行多轮尽调是得出审慎合理的估值前提。保险机构需访谈了解基金管理人现场尽调的流程，并通过查阅基金管理人过往项目的尽职调查留档文件对基金管理人尽职调查执行标准进行验证。保险机构可通过考察过往的估值案例，对管理人在资产定价上的方式方法予以了解和验证。

5. 处置管理模式及实际处置能力考察

困境资产投资不等同于简单的财务投资，是一个业务链条长且各环节需高度协同的业务，并且对困境资产需采取主动型投后管理方式。困境资产的价值修复和提升过程是投后管理流程中最为关键的一步。投后管理模式层面，主要考察并明确基金管理人采取的是内生化团队自主处置为主的模式、全委托外部处置服务商为主的模式还是其他处置管理模式，重点关注不同处置管理模式下团队人员自身所具备的专业特长、合作资源的匹配程度，不同模式下资产处置团队的激励机制和过程管控、资产的处置效率与效能等。

实际资产处置能力层面，主要考察基金管理人对不同业务类型积累的处置资源及处置经验，可通过现场访谈、查阅留档文件等多种形式考察过往项目处置的具体实施与投前处置计划的偏差情况，对基金管理人资产处置的价值实现和时间管理予以验证。尤其要关注处置不达预期的案例,有利于保险机构对业务实际以及管理人的风险应对能力有更加全面的了解。对于处置不达预期的案例,保险机构需要进行归因,是策略失效还是执行不力引起,基金管理人是否具备进行及时应对与调整的能力。

6. 历史业绩及信息披露考察

(1)历史业绩层面,主要考察基金管理人存量管理资产规模、投资节奏及规模、处置回收规模、项目退出业绩、在管基金退出业绩、已投项目进展和实际退出情况。国内困境资产投资行业整体起步较晚,拥有较长且完整基金退出历史业绩的基金管理人不多。此外,困境资产基金业绩中年份因素的影响也非常关键,在投资考察中,适当剔除年份因素的影响,可形成对基金管理人更为全面与公允的判断。

(2)同业比较层面,主要考察基金管理人在行业内同类管理人中的知名度和行业口碑,与同类或同期基金的回报情况进行对比。

(3)信息披露层面,除了考察基金管理人是否能按照监管机构要求每季度出具季度报告和托管报告,每年度出具基金年报、年度托管报告、审计报告外,还应考察基金管理人向投资者进行信息披露的频度、方式、内容、渠道,特别是需考察其是否能定期向投资者披露项目投资、处置进度。同时,需考察基金管理人在项目存续期向投资者进行临时信息披露的履行情况,包括重大关联交易事项的披露,基金管理人、实际控制人、高管人员重大违法违规行为或正在接受监管部门或自律部门调查的披露,涉及基金管理、基金财产的重大诉讼、仲裁的披露等。除此之外,亦需考察合作及缔约过程中,基金管理人向潜在投资者是否真实、完整地披露基金管理人、高管、已成立基金的负面新闻,是否受过监管处罚等情况,是否涉及法律诉讼等信息。

(二) 基金产品尽职调查

对困境资产私募股权基金产品要素的尽职调查，应结合困境资产投资的特殊性，主要围绕基金产品设计、基金投资策略、基金治理机制几个方面展开尽职调查工作（见图5-2）。

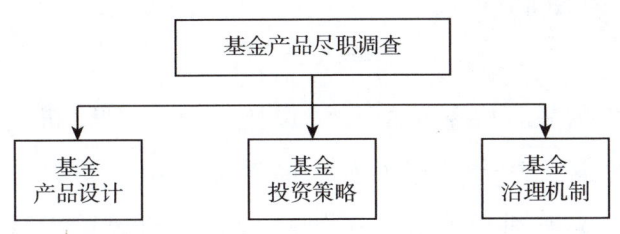

图5-2 基金产品尽职调查工作主要内容

资料来源：课题组整理

1. 基金产品设计考察

基金产品设计层面，主要考察基金的投资策略和预期目标，以及为实施该策略、达成该目标设计的基金架构，包括但不限于交易结构、拟募集规模、产品期限和分配安排等。保险机构投资时，需充分考虑到自身对于风险收益的要求，以及该基金在整体资金账户与股权投资资金中所扮演的角色。

2. 基金投资策略考察

基金投资策略层面，主要考察基金的投资策略是否成熟以及是否具有市场竞争力，是否符合保险资金的安全和收益属性，基金管理人现有团队的能力与基金投资策略的匹配程度如何，过往该策略的执行结果如何，以及各个策略下项目储备情况。

3. 基金治理机制考察

基金治理机制层面，主要考察基金合伙人会议设置、基金顾问委员会设置、普通合伙人权利及限制、关联交易和特殊事项决策机制等情况。此外，也需考察基金管理费比例等费用的承担是否符合惯例和安排合理，收益分配比例及收益分配方式是否符合惯例和安排合理。保险机构应尤其关注的是，基金的分配中对投资本金和收益的界定及返还顺序，考察这一安排细则与基金预期目标的对应关系。

三、投资风险评估

困境资产私募股权基金的投资风险评估是保险机构对困境资产行业及监管政策、基金管理人及产品等的风险点进行全面评价的过程，核心目标是识别和分析各类风险，并提出风险解决方案，以便在交易文件中设置相关安排来解决潜在风险点。

保险机构需结合定性分析及定量分析两种方法，结合尽职调查中通过各种形式获取的信息，综合提炼和分析，进行投资风险评估。

困境资产私募股权基金的投资风险评估工作围绕以下四个方面展开：行业及政策风险、基金管理人风险、基金产品风险及操作风险。

行业及政策风险层面，重点评估基金投向所涉及的行业有无投资过热的趋势，疫情等突发外部不利因素下项目投资和退出面临的市场风险，以及是否符合国家政策支持和导向等。

基金管理人风险层面，重点评估团队是否建立了机构化的制度和流程，团队整体是否具有好的稳定性，是否具有关键人依赖，投资策略是否可持续并且匹配团队的能力，基金管理人过往是否合规经营，基金的历史业绩是否具有可持续性和稳定性等。

基金产品风险层面，重点评估交易结构的合规性、期限和投资规模合理性。交易结构过于复杂、规模过大、期限过长都将放大产品的风险，同时也需评估基金顾问（咨询）委员会设置中需要顾问（咨询）委员会作出决议的事项。

操作风险层面，重点评估基金管理人资金划转的合规性，考察《托管合同》中托管行与基金管理人就资金划转是否能达成一致，是否与基金合伙协议中约定的投资范围、策略相符等。

四、投资价值评估

困境资产私募股权基金的投资价值评估是保险机构对具体基金产品的价值进行全面评价的过程，核心目标是评价基金产品的投资价值，决定是否对基金进行投资。

保险机构需结合定性分析及定量分析两种方法，在尽职调查工作及投资风险评估结果的基础上，结合公司大类资产配置目标、风险收益要求、偿付能力影响、账户资金特性等因素，作出投资价值评估。

大类资产配置层面，需结合公司大类资产配置节奏进行考量，重点评估基金在公司大类资产配置中的定位及充当的主要角色。

风险收益要求层面，需结合公司战略资产配置及战术资产配置对各类投资品种的收益要求进行考量，重点评估基金产品的预期回报是否匹配产品的投资风险。

偿付能力影响层面，需结合公司现有偿付能力进行考量，重点评估配置该基金产品对公司偿付能力带来的影响。

账户资金层面，需结合公司各账户的期限结构、收益要求、投资限制等因素进行考量，重点评估基金产品适配的公司账户类型。

第二节　投中阶段

投中阶段，保险机构的重点工作集中在确定协议条款，落实风险解决方案直至签署交易文件。

一、确定协议条款

投资困境资产私募股权基金，确定协议条款的核心目标在于实现投资诉求，保证基金管理人/普通合伙人与投资人的利益一致性。约束、监督基金管理人按照计划的投资策略实施投资及退出，并确保在出现偏离时投资人有权纠正、惩罚基金管理人，保障投资目标实现。

除股权基金中常见的条款外，困境资产投资具有明显的属地化特性，保险机构还需重点关注困境资产私募股权基金条款对投资类型、投资区域和项目来源的约定和限制。同时，条款对关键人士和决策机制的约定，对资金划转、资产处置及回款等操作风险防范的约定，也需重点关注。除此之外，困境资产投资由于其资产特殊性，与一般股权投资相比具有现金回款较快的特点，基金管理人每年都能给投资人进行收益分配，因此保险机构也需格外关注条款对复投、收益补偿的相关约定。

困境资产大多债权债务关系复杂，常涉及诉讼执行、企业破产（清算/重整）、国企改制、兼并收购等问题，因此协议条款这一部分的完成更需要保险机构的业务部门和法律、投后部门充分配合，确保交易文件中已落实相应要素。法律部门应以最大限度保护保险机构利益为出发点，核查必备要素是否齐备、交易目的是否满足、权责约定是否明确、结构体系是否合理、文字表达是否准确等。法律、投后人员在此阶段介入，有利于在履约过程中及时落实相关约定条件，有利于在投后阶段更加有针对性地解决争议问题。同时，可以充分借鉴外部法律机构的专业能力，在商务条款上精雕细琢，确保投资目标的有效达成。

二、确定风险解决方案

投资困境资产私募股权基金,确定风险解决方案的核心目标在于在交易文件中设置相关安排来解决投前阶段发现的潜在风险点。在交易文件中可能会设置投资者权利条款、交割条件、收益分配、陈述和保证条款、违约条款、赔偿机制等,以助于建立事前约束、事中监督并纠正、事后惩罚与救济机制,确保投资目标实现。

例如,与一般股权投资相比,困境资产投资是一个业务链条长且各环节需高度协同的业务,困境资产需采取主动型投后管理方式,因此困境资产的投后较投前需要投入更多的人力和精力,在此过程中也较容易发生道德风险和操作风险。虽然基金管理人良好的决策机制和管理系统在一定程度上可以降低此项风险,但是保险机构在投资时可以在交易文件中尽力争取有利条款,如:争取投资咨询(顾问)委员会席位,明确议事规则;争取有权在管理系统抽取部分项目进行穿行测试、对特定账户进行不定期查询等信息披露条款,确保对底层项目有更多的知情权;有权参与审计机构的选择等。

三、签署交易文件

交易文件定稿后,在签署和交易履行环节,保险机构需重点关注交易对手及其签署人员是否具备签约资格,需核实其是否得到有效授权;需关注交易文件是否真实有效签署,包括核查交易对手所盖印章主体与签订合同主体名称是否一致,核查合同签订地点是否明确具体,核查合同正文与附件是否一致,核查对方加盖的印章是否清晰可辨,多页合同是否加盖骑缝章等等,防范操作风险。

另外，需重点核查放款条件是否已经全部落实，确认是否可以顺利交割。

第三节　投后阶段

投后阶段，保险机构需紧密跟踪基金运营管理情况，并深入与基金管理人进行业务交流与合作，主动作为，落实投后工作要点，努力实现投前收益预期。

一、日常投后管理

投资困境资产私募股权基金，日常投后管理的核心目标在于紧密跟踪基金管理人项目的投资及退出情况。保险机构在困境资产私募股权基金的日常投后管理上，需要集中在两个层面：一是关注基金管理人；二是关注底层资产。对于基金管理人来说，需要关注其是否勤勉尽责，严格落实基金策略，积极开展投资活动，避免道德风险。对于底层资产来说，需要关注管理人团队对底层资产风险和收益的判断，底层资产是否有合理的风险折价后的估值，对底层资产退出进程是否有合理预期等，是否具备与宏观环境和基金策略相匹配的实际价值。

具体到日常投后管理的工作层面，工作内容主要包括：（1）按时完成基金缴款安排。（2）定期收集基金的季度报告、年度报告、托管报告以跟踪基金整体的运营情况。特别是在新的会计准则下，对基金管理人的稳定性提出了更高的要求，因此保险机构需重点关注基金管理人提供的基金估值数据的可追溯性，确保基金管理人对基金估值的一致性和稳定性。(3) 阶段性根据需求譬如年度对基金管理人进行现场投后访谈，对基金已投项目的资产退出情况进行密切关注，并对剩余资产的退出计划进行了解。

除此之外，保险机构需对交易文件的执行进行持续跟踪，对交易文件的变更或解除进行磋商，对协议履行中出现的风险和纠纷进行谈判和处置等，确保基金管理人全面、正确地履行自己所承担的义务，防范合同履行中的权利转移、履行不当、证据留存等履约风险。

值得注意的是，当基金进入退出期，保险机构应更为积极地与基金管理人沟通项目的退出进展，及早区分正常退出和非正常退出。正常退出则严格按照合同约定的条款进行；如若基金不能正常完成退出，此时保险机构应尽快启动非正常退出工作。

二、突发事项投后管理

投资困境资产私募股权基金，突发事项投后管理的核心目标在于在遇到突发事项后，保险机构能通过有效的救济措施，尽可能降低风险带来的影响。保险机构在困境资产私募股权基金的突发事项投后管理上，需要按照监管要求与公司制度要求快速反应与应对，并及时进行处置与管理。

具体到突发事项投后管理的工作层面，工作内容主要包括：在出现突发事件后，保险机构应及时成立应急小组，保持内部沟通顺畅，决策及时有效；及时与基金管理人进行沟通，了解项目进展及评估可能的风险和损失；视事态严重程度，启动不同等级的应急预案。必要时可获取外部资深律师的专业法律意见及启动相应的司法救济程序。

三、深入业务交流与战略合作

保险机构尚处在困境资产投资的初级阶段,在人员配置和能力建设方面仍需加大投入。在投后阶段,和专业私募股权基金定期沟通、跟踪被投项目和基金运营情况,可以有效提高保险机构在困境资产投资领域的经验积累。

保险机构与基金管理人深入业务交流与合作的核心目标在于更好地构建投资生态圈。保险机构投资困境资产私募股权基金,在获取财务收益的同时,与基金管理人进行全方位合作也是重要的诉求。

一方面,与头部基金管理人进行业务探讨与互动,有利于保险机构深刻了解行业现状与动态,提升对困境资产投资行业产业链、产品特征和参与方式的理解,有助于在其他领域的投前阶段防范不良产生的风险,并寻找新兴投资机会。保险资金参与股权、不动产的困境投资尚在起步阶段,在相关司法环境、税务政策、属地化监管要点、资产形成路径、交易对手背景等领域,需要专业机构的帮助和支持,困境资产管理人常年深耕于此,有较深的造诣,可以作为保险资金的咨询提供方。

另一方面,保险机构也可以和困境资产的专业管理人深度合作。管理人赋能于保险机构,全面提升保险资金处置困境资产的能力,并将困境资产基金作为其他品种的潜在退出渠道。随着保险资金投资的深化和金融市场的发展,保险资金也可能会面临存量资产出现困境的状况。有效整合存量资产、盘活低效资产有利于保险资金提升自身安全性和收益性,在此过程中,困境资产管理人可以输出资产处置能力,多维度解决保险资金需求。另外,在保险资金投资复杂产品时,可以将困境基金作为潜在的退出渠道,在投前交易条款中留下伏笔,提前落实风险缓释措施。保险机构和困境资产管理人形成资金、资产互通的合作生态,业务咨询与运营能力输出的协作模式,在投资管理的业务基础上实现全面共赢。

随着保险资金运用的深入开展,投资资产呈明显多元化、复杂化、风险常态化特征,处置和化解风险的需求明显增加。而保险机构对于风险的认知也在不断提高,从规避风险到面对风险再到经营风险,风险管理手段日益丰富。在风险处于预警期内,提早启动风险缓释措施可以有效降低损失发生概率,同时效仿银行对不良资产的处理方法,采取更审慎的财务会计制度,增加拨备计提,在财务上积累充裕的准备。在风险处置方面,也可以借鉴银行的先进经验,自行催收和卖断出表相结合,以效率最大化为目标,尽早尽多地回收资金。

试想未来,在困境投资领域,私募股权机构和保险机构可能互为资产、资金提供方,构建更强循环性的生态结构(见图5-3)。私募股权机构不仅为保险机构提供优质的资产管理服务,而且可以输出困境资产的处置能力。同样,保险机构不仅为私募股权机构提供长期稳定的资金供给,也可以提供多样化的资产供给。

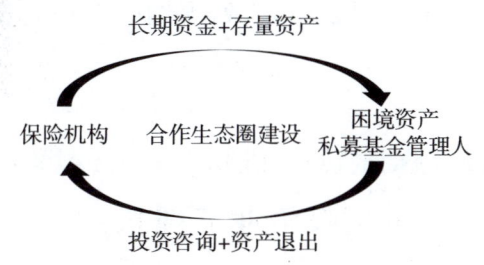

图5-3 保险机构与基金管理人合作生态圈建设

资料来源:课题组整理

尽早发现问题资产,有效处置困境资产,建立多元化风险化解手段,建设多机构合作生态圈,保险机构勇于当则、主动作为,全面防范金融风险,保险资金运用在更稳健、更全面、更高效的道路上勇往直前。

第六章
保险资管机构（作为管理人）开展困境投资业务的探索与思考

纵观我国困境投资市场，除了五大 AMC 和地方 AMC 以直投方式参与为主外，其他大部分市场机构均以产品化方式参与为主，产品类型包括私募基金、信托计划、资产支持证券等。通过产品化的方式参与，一方面，有助于发行人将投资过程标准化，加大信息披露的力度；另一方面，有助于投资人降低投资门槛，更好地分享困境投资收益。总体而言，困境投资对于保险资管机构来说仍然属于新领域，保险资管机构可以通过创设相关产品，凝聚各类市场化机构力量，发挥各自专长，为产品达到预期收益打好基础。

第一节　保险资管机构[①]作为管理人参与困境投资业务现状

一、管理人主体情况

2003 年，国内第一家保险资产管理公司（中国人保资产管理有

[①] 本报告中，保险资管机构包括保险资产管理公司、其他另类投资专业机构、保险资产管理公司通过设立公募基金业务事业部或设立并购的公募证券投资基金公司、保险系私募基金管理人等。

限公司）成立，拉开了保险资金运用集中化、专业化、市场化发展的序幕。2012年以来，原保监会持续推进保险资金运用市场化改革，保险公司资产负债管理能力、大类资产配置能力、多元投资风险管理能力不断提升，促进了保险资金运用持续健康发展。近年来，随着保险资管整体投研能力的加强以及资管新规出台后市场愈加规范，保险资管机构不仅仅局限于服务系统内保险公司的保险资金，同时通过相关保险资管产品的设立，广泛募集市场化资金。保险资管机构积极拓展第三方资管业务，对于自身的能力建设提升具有重要意义，可以促进保险资管机构开放投资视角、健全风险偏好、关注市场热点，进一步增强投研能力，以资金需求为导向，创设相匹配的产品。

保险资管行业经过十多年的发展，呈现出主体多、规模大、投资种类丰富等特点。从主体情况来看，保险资产管理公司占据主导地位。截至2020年末，共有28家保险资产管理公司，管理资产规模超过18万亿元；还设有其他另类投资专业机构14家，主要从事股权、债权、不动产等方面的专业化投资；9家保险资产管理公司通过设立公募基金业务事业部或并购公募证券投资基金公司开展公募业务；17家保险系私募基金管理人是保险资管机构设立主动管理型私募基金的主要力量，投资领域丰富，包含股权、不动产、普惠金融、困境投资等领域。

二、政策制度规范

从产品体系来说，目前保险资管产品共包括债权投资计划、股权投资计划、组合类产品和中国银保监会规定的其他产品，其中，"其他产品"主要包括专项产品和保险私募基金产品等。随着《保险资产管理产品管理暂行办法》的出台，结合各项产品已有的制度规范,目前我国保险资管产品的相关政策制度总体上较为完善,对保险资产管理机构开展保险资管产品业务的准入条件、职责、设立具体产品的流程、基础资产要求、信息披露等方面均作出了明确规定(见表6–1)。

表6–1　　　　　　　　保险资管产品政策梳理

类型	日期	名称	主要内容
债权投资计划	2012.10	《基础设施债权投资计划管理暂行规定》保监发〔2012〕92号	介绍了基础设施债权投资计划的设立与发行、管理、受益人大会、信息披露、风险控制、监督管理等事项
	2013.01	《关于债权投资计划注册有关事项的通知》保监资金〔2013〕93号	将债权投资计划发行由备案制调整为注册制
	2014.09	《关于债权计划投资城市综合体项目查验标准的通知》	明确住宅、商业、办公等不同性质投资标的的区分工作
	2015.04	《债权投资计划注册规则(试行)》中保资协发〔2015〕9号	规范了债券投资计划的整个注册业务流程
	2017.05	《中国保监会关于债权投资计划投资重大工程有关事项的通知》保监资金〔2017〕135号	规定偿债主体为AAA的国家重大工程免于信用增级,对投资符合国家发展战略的重大工程的债权投资计划开启绿色通道
股权投资计划	2017.12	《中国保监会关于保险资金设立股权投资计划有关事项的通知》保监资金〔2017〕282号	规定了保险股权投资计划的定义、本金收益要求、管理人职责、投资限制、人员要求等内容
	2018.02	《关于加强保险资金股权投资事后报告监管机制有关事项的通知》	进一步完善保险资金股权投资事后报告监管机制,规范保险资金股权投资信息报送行为
	2019.01	《关于股权投资计划和保险私募基金注册有关事项的通知》资金部函〔2019〕1号	规定将股权投资计划和保险私募基金注册工作移交给保险资管协会办理

续表

类型	日期	名称	主要内容
组合类产品	2016.06	《中国保监会关于加强组合类保险资产管理产品业务监管的通知》保监资金〔2016〕104号	规定了组合类保险资管产品的管理人要求、基础资产范围、发行登记流程、监管要求等内容
纾困产品	2018.10	《中国银保监会关于保险资产管理公司设立专项产品有关事项的通知》银保监发〔2018〕65号	发挥保险资金长期稳健投资优势，参与化解上市公司股票质押流动性风险，加大保险资金投资优质上市公司力度
纾困产品	2018.01	《中国保监会、财政部关于加强保险资金运用管理支持防范化解地方政府债务风险的指导意见》保监发〔2018〕6号	要求保险资金妥善配合地方存量债务风险处置，切实规范投资融资平台公司行为
纾困产品	2019.02	《中国银保监会关于进一步加强金融服务民营企业有关工作的通知》银保监发〔2019〕8号	支持保险资金通过私募股权基金等方式参与化解处置民营上市公司股票质押风险
保险私募基金	2010.09	《保险资金投资股权暂行办法》保监发〔2010〕79号	规定了保险资金直接进行股权投资或者设立股权投资基金的资质条件、投资标的、投资规范、风险控制和监督管理等内容
保险私募基金	2012.07	《关于保险资金投资股权和不动产有关问题的通知》保监发〔2012〕59号	规定了保险资金投资股权投资基金的类型、资本要求、管理运营、规模限制等内容
保险私募基金	2015.09	《中国保监会关于设立保险私募基金有关事项的通知》保监发〔2015〕89号	规定了保险资金设立私募基金的类型、投资领域、管理人资质、审批机制和流程等内容
保险私募基金	2020.03	《保险资产管理产品管理暂行办法》银保监督管理委员会令2020年第5号	对产品发行、存续与终止、投资与管理，信息披露与报告、风险管理、监督管理等相关事项进行了明确

资料来源：课题组整理

三、产品现状

保险资管机构作为管理人参与困境投资业务的案例不多,目前业内仅有少数几家机构有所尝试。

(一)困境投资基金

私募基金作为近年来蓬勃发展的金融细分领域,具有募资来源多元、产品设计灵活、投后退出方式丰富等特点,是困境投资领域采用较多的产品形式,国内外均有运作经验成熟的困境投资私募基金管理人。随着近年来保险资金对困境投资领域的关注度提升,大型保险集团也在尝试设立自身的困境投资基金管理人。国寿金石(全称"国寿金石资产管理有限公司")作为中国人寿全资二级子公司,是业界首家专注于困境投资领域的保险私募基金管理人,旨在通过专业化运作为保险资管机构参与困境投资开拓路径。

国寿金石发起设立的困境投资基金广泛募集了保险资金及第三方市场化资金,成功投资于某商业银行的困境资产包。该基金充分发挥了保险资金体量大、期限长的特点,并结合了社会化资金的风险收益偏好,为基金的成功运作打下了良好基础。截至2020年末,该基金有限合伙人的本金已全部退出并产生超额收益,基金层面的IRR超过25%。该困境投资基金作为保险私募基金管理人在困境投资领域的首次尝试,在资金募集、交易对手选择、产品设计、投后管理等方面均坚持市场化运作机制,为基金获取丰厚回报奠定了基础。

(二)纾困产品

2018年,为发挥保险资金长期稳健投资优势,参与化解上市公司股票质押流动性风险,加大保险资金投资优质上市公司力度,中国银保监会发布《关于保险资产管理公司设立专项产品有关事项的通知》（银保监发〔2018〕65号），鼓励保险资管机构设立专项产品对优质上市公司进行纾困。保险资金参与纾困产品投资是贯彻落实党中央、国务院"六稳"要求、创造良好市场预期、维护金融市场稳定的重要举措，有利于化解上市公司股票质押流动性风险，有利于有效支持优质上市公司和民营企业发展，更有利于发挥保险资金长期稳健投资优势，做实体经济的长期资金提供者，从而更好巩固市场长期投资的基础。

截至2020年7月末，已有国寿资产、阳光资产、太平资产、人保资产、新华资产、太保资产、华泰资产、泰康资产、中再资产等多家保险资管公司在中保保险资产登记交易系统完成专项产品的登记，合计注册规模超1 600亿元，实际持有资产总计216.80亿元。从投资资产类型来看，专项产品持有股票规模为65.45亿元，占比为30.19%；资管计划规模为53.90亿元，占比为24.86%；债券规模为51.10亿元，占比为23.57%，其中可交换债券规模为45.87亿元，占比为21.16%，其他债券规模为5.22亿元，占比为2.41%；货币基金规模为25.90亿元，占比为11.95%；信托计划规模为10亿元，占比为4.61%；存款规模为6.41亿元，占比为2.96%。

第二节　保险资管机构开展困境投资业务的全流程分析

一、产品设计

（一）确定产品方向

以现有的条件看，短期内保险资管机构作为管理人设立困境投资类产品仍然会以私募基金为主。一方面,业内有成功案例可以借鉴;另一方面,市场上困境投资类基金的设立运营也非常成熟,包括橡树、龙星等外资机构以及湖岸、鼎一等内资机构均以该方式成功参与了困境投资市场。若将来有专门的适合困境投资业务的保险资管专项产品,或赋予纾困产品更多的功能及配套措施,则保险资管作为管理人的选择将更为丰富。

(二) 明确产品策略

困境投资的策略较为丰富,比如说有困境债权策略、困境股权策略、困境不动产策略等。若要具体再细分,困境债权策略还可以分解为不良资产包投资策略、单体大额不良债权投资策略等。因此,产品管理人需要根据自身的专业人员配备情况,确定好具体的产品策略,也有助于潜在投资人更好地理解产品内涵,进行投资决策。

(三) 设计产品条款

以私募基金为例,在具体的产品条款中,保险资金比较关注基金期限、期间收益、门槛收益、超额收益分配、投资方向等条款,在设计时,需结合储备项目情况及募集资金的特性进行安排。总体上,投资人比较关注期间收益分配的条款,这与困境投资有期间运营现金流的特性息息相关。然而,困境投资总体回现的稳定性相较于固收类产品来说还稍有欠缺,这就需要在产品条款中对分配周期、再投资、摊还方式等具体细节约定清楚,并做好与投资人的沟通。

(四) 确定主要协议条款

确定主要协议条款时,需要借助外部律师的专业力量,结合产品管理人的具体实践,在产品协议条款确定的基础上,做好协议具体条款的设定。条款设定需要遵循的原则主要有：一是没有异议；二是符合相关监管原则；三是简练明确。

二、募集资金

（一）确定募集范围

根据不同困境投资产品的风险收益特征，募集相应风险偏好的资金，对于产品的成功设立非常重要。比如，业内有十余家中小保险机构投资了困境投资平层基金，主要因为困境投资的风险收益特征恰好符合保险资金的要求，风险总体可控，期间有较好的现金流，同时还存在获得超额收益的可能。对于困境投资分级产品中最常见的不良资产包分级产品来说，优先级往往适合风险偏好审慎的资金参与，这部分优先级产品只要管理人不发生混同风险，可以比照公募资产支持计划的优先级产品，评级往往较高，投资安全性可以得到充分保证；分级产品的劣后级则更适合专业的困境投资人参与，他们往往具备一定的投后运营能力，可以帮助资产价值提升及顺利退出，通过更激进的风险偏好获取困境投资的超额收益。

（二）路演交流要点

路演应该遵循重点突出的原则：一是要着重介绍管理人的投资经验、成功案例、在行业内所具备的优势；二是在产品端要重点说明产品的主要投资方向、产品主要条款的设计、拟开展投资的进度；三是对自身的投后管理及风险控制能力要着重说明。

（三）签署文件及召款

重要的商业文件要坚持面签原则，加强签约双方的信任度。在基金召款上，要结合产品管理人投资团队的项目储备及预计出款进度，并结合投资人的出款要求，灵活设定。若投资事项太琐碎，可能会提高出款的频次，对投资人的资金安排及具体出款操作带来不便；但若设定固定出款时限，也会存在管理人储备项目跟不上出款进度的问题，导致资金闲置，拉低了产品收益表现。

三、投资策略

（一）困境债权投资策略

困境投资属于抗周期投资品种，保险资管机构在投资时需充分考虑。在经济下行周期，随着各金融机构资产质量的劣变，困境投资资产大量涌现，这时整体价格会呈现走低趋势，投资人在收购时需要考虑保留足够的安全边际。在困境投资中，不论是以债权形式参与，还是直接通过股权或者物权方式参与，困境投资的关键在于以较低的成本获得资产，同时需要做好在一段时期内持有资产的准备，等待经济恢复景气、要素市场流通提升获取投资收益。

（二）困境股权投资策略

困境股权投资的对象往往是前景良好、拥有重组价值但短期陷入流动性困难的企业，重组管理人介入之后，引入产业投资人和财务投资人，制订企业重组方案及目标，之后协调债委会，努力与各债权人达成债务清偿协议。通过减轻企业财务负担、技改升级、重造供应链等手段，不仅帮助企业渡过短期难关，而且使企业生产要素得以提升，增强盈利能力，改进经营管理，从而让各重组参与方通过股权增值退出实现可观的收益。

(三) 困境物权投资策略

对于保险资管机构来说，直接收购单体大额困境商业地产不良项目，是一种较好的投资选择。保险资管机构可充分发挥其不动产投资及运营改造能力，从不良资产端入手，以较低的价格收购资产，清理瑕疵并进行再投资改造升级后，获取较好的收益。这种方式易于分辨风险，相对而言，风险较小。

四、投后管理

(一) 困境债权的投后管理

从困境债权的投后管理处置端来说，分为自主清收及委托处置两种模式。自主清收需要建立强大的投后管理队伍，需要有评估、法律等方面的专业人才，且人均管理项目数量及规模有限；委托处置可以充分利用市场上的清收处置资源，如果外部的处置机构掌握更多的财产线索，则委托处置的效果会较好，不良资产市场上的受托处置机构以律所为主，也有会计师事务所、评估事务所、电话催收外呼机构等从事不良资产处置业务。目前，市场上的不良资产参与者普遍实行两种模式并行的处置管理体系。其中，人员较多、分支机构健全的商业银行以自主清收为主、委托清收为辅；人员较少、分支机构有限的四大资产管理公司以委托清收为主、自主清收为辅。考虑到保险资管机构投资规模较大的客观情况，应采用委托清收为主、自主清收为辅的模式，对各代理处置机构进行统筹管理，定期考察其实际清收能力，实行优胜劣汰、动态调整名单机制，从而更好地做好投后管理工作。

（二）困境股权的投后管理

股权投资对于保险资管机构来说并不陌生，然而参与困境股权的投资案例并不多见。一家机构往往无法单独完成困境股权投资，需要聚集产业投资人、重整管理人、财务投资人等多方面的资源才能做好投资工作。在困境股权的投资流程中，投后管理工作的成效决定了投资的成功与否。总结困境反转的成功案例，投后工作中具备以下几个共同点：一是获得当地政府的支持。无论是破产重组过程中的司法推进，还是职工安置、税费减免、注入产业资源等工作，均需要当地政府的大力支持。二是削减债务。困境企业的财务负担往往较重，破产管理人需要与债委会协商，依据企业的重整价值合理计算各级债务的偿债比例，从而让重整方案得到大部分债权人的同意，顺利推动破产重整进程，让企业轻装上阵。三是提升运营能力。这方面需要借助产业投资人的力量，尽快让企业的经营状况得到改善，增强盈利能力，重获造血功能。

（三）困境物权的投后管理

困境物权资产大部分来源于法拍资产、银行抵债资产或者国有企业无效资产的剥离。困境物权在取得时往往有较大的瑕疵，投后运营提升对于物权的增值至关重要。困境物权的投后管理工作主要有以下几方面：

一是瑕疵修复，需要化解物权资产上的权利负担，包括非法占用、无效抵押、长期租约等情况，力争保证物权资产的洁净状态，为后续工作打好基础；

二是升级改造，需要结合未来的产品形态对物权资产做相应的升级，这一步可以大大增加物权资产的价值；

三是运营招商，这是物权资产变现的过程，投资人往往需要借助专业不动产运营机构的能力，提高物权资产的现金流获取能力，从而为后续顺利退出打好基础。

第三节 保险资管机构开展困境投资业务的优势及难点

一、优势分析

（一）监管层面支持力度较大

新冠肺炎疫情的爆发，导致人员流动限制和交通受限，各行各业的供应链短期内受到不同程度的影响，众多企业延迟复工。本次疫情对餐饮、零售、旅交、培训、酒店等行业影响尤为明显，很多企业现金流紧张，经营面临重大困难，若这些企业发生危机，必将进一步传导到银行、商业地产等行业。

在疫情影响导致资产劣变、商业银行让利1.5万亿元的政策背景下，2020年，商业银行的营业收入、净利润以及资产质量承受了较大压力。结合中国银保监会公布的2020年末最新数据来看，商业银行不良贷款余额达到了3.5万亿元，不良率达1.91%。同时，截至2020年6月末，商业银行关注类贷款余额为3.88万亿元，关注贷款比例达到2.75%，商业银行的问题资产累积较快。因此，商业银行2020年处置问题资产的压力和动力十分充足，除了加大核销力度之外，也急需加大传统清收、批量转让等处置方式的应用力度。传统清收属于人力密集型的工作，依赖于整体司法系统的效率及债务人的配合程度，在快速压降不良方面作用有限，批量转让方式因可以大规模打包,在快速压降不良防止问题资产继续累积方面作用突出。若批转规模较大,就需要交易对手能够有充足的资金接收银行的不良资产包,作为资管市场重要的资金来源。2020年以来,政策层面上鼓励保险资金更多地介入不良资产市场,发挥保险资金长期、稳定、量大的优势,为化解问题资产、稳定金融市场贡献力量。

(二)全行业保费持续增长,为保险资管机构提供广阔资金来源

2020年,全行业保费收入达到4.5万亿元,同比增长6.1%;保险资产规模和保险资金运用余额分别达到23.3万亿元和21.7万亿元,比年初增长13.3%和17%,保险资金规模持续稳定增长。与此同时,随着职业年金改革以及企业年金的普及,各大保险集团旗下养老金公司的资金体量近年来呈现爆发式增长。截至2019年末,职业年金及企业年金合计规模已超2.2万亿元,这些都为保险资管行业提供了丰富的资金来源。保险资管行业主要资金来源于寿险保费,大都偏好久期较长的投资品种,也包含财险、团险等负债久期较短的资金,需要配置投资久期短、有现金流的资产。从困境投资业务来说,在项目运营层面,从投资到退出在3年以内的占大多数;少部分债权债务关系复杂、涉及债委会层面有破产重整需求的项目周期可能较长;若是资产包投资,其中部分资产流动性好通过二级市场转让实现退出的,则项目周期较短。因此,困境投资大部分属于中短期的投资,也同时存在一些周期较长的投资,这对于长短资金皆有、久期配置灵活的保险资金来说,是一大优势。

(三)保险资管机构更熟悉保险资金需求

保险资管机构长期服务于保险资金的投资,对保险资金的风险偏好及投资需求非常了解。熟悉资金方的需求以及关注的事项,对

于做好困境投资特别重要。在困境投资的过程中，由于投资标的的特殊性，各个项目的投资全流程均具备自身的特性，在项目的投前、投中、投后均要求产品管理人与投资人进行充分沟通，划分好各自的职责边界。经过多年的磨合，保险资管机构与保险资金凭借成熟的委受托体系，在该方面具备天然的优势。保持与保险资金沟通的通畅，一方面可以打消资金方在投资过程中产生的顾虑，另一方面也可以充分发挥管理人的专业能力，集中精力做好投资。

（四）保险资管能力建设显著提升，具备参与困境投资的基础

经过近10年的发展引导，围绕监管认可的股票投资管理能力、信用风险管理能力、股权投资管理能力、不动产投资管理能力、衍生品应用管理能力、债权投资计划产品管理能力及股权投资计划产品管理能力等七大投资能力建设，保险资管机构投资能力显著提升，具备五项投资能力的保险资管机构占比达到九成，这就为保险资管机构进一步参与困境投资打下了良好的基础。

（五）与其他保险资管投资板块实现联动

通过困境投资可以与大类资产投资中的权益类资产、不动产类资产等产生联动，进而充分发挥保险资金熟悉权益类投资、不动产投资的优势，形成协同效应，实现较好的投资回报。

通过困境投资切入，用较低价格收购以大型商业地产作为抵押物的债权资产，进而通过协议谈判或司法途径等方式获得项目公司的股权或者物权资产，已经成为众多不动产投资人共同发力的渠道，业内已有光大安石、佳兆业等成熟投资机构。通过债权投资不动产的优势在于，可以用较低的价格锁定成本，在资产瑕疵消除之后具备司法处置条件的情况下，若有其他投资人以较高的价格买走物权资产，原始不良债权投资人则可以获得债权端的收益；若

以自身预算内的价格购得物权资产，则已经通过不良债权锁定了成本，在未来可以通过对物权资产的投资改造及运营升级获取收益，这种操作方式我们称为不良资产的闭环操作，实现了不良资产从债到物以至最终盘活的全流程管理，风险大大降低。此外，通过困境投资，保险资金可以以较低的成本进入保险产业链上的医疗、养老等相关产业，更好地整合资源，实现协同效应。

二、难点分析

（一）产品路径不清晰，产品形态上需要创新

从风险收益特征来看，困境投资介于固定收益投资与权益类投资之间。从资产分类来看，困境投资大多属于收购困境资产，资产定价主要是以抵/质押物的价值为基础，这与固收类、权益类投资不同；从退出方式及回现特点来看，不同于按合同回现的正常固收品种，也不同于权益类投资主要由二级市场退出，困境投资回现更多依靠清收处置，现金流具有天生的不确定性，这点更像权益类投资；从收益水平来看，以信达、华融两家上市公司为例，近几年困境投资业务的 IRR 基本在 15% 以上，明显高于固定收益类投资品种，虽然不及股权投资可以取得的高收益水平，但投资回报更加稳定，属于典型的抗周期品种。

基于上述的风险收益水平，在做好谨慎估值及风险控制的基础上，困境投资产品既能产生一定的期间现金流，也能够有较大的超额收益分配可能，因此，将困境投资划归于目前保险资管产品体系中的债权投资计划、股权投资计划以及组合类产品均较为困难。目前来看，保险私募基金作为困境投资业务的产品载体较为合适，私募基金管理人可以通过整合尽职调查、评估定价、投后管理等方面

的专业机构资源、灵活设置基金产品形态、广泛募集合格机构投资者等，创设符合困境投资业务风险收益特征的基金产品。然而，困境投资类基金产品在设立的过程中也有一定的困难，有待解决。一是盲池类基金在大型保险资管机构体系内较难落地；二是占用权益类额度，门槛收益设置往往较高，若保险资金只是投资于困境投资基金的优先级产品，则收益上可能达不到既定要求。

（二）作为管理人的经验较为欠缺

保险资管机构作为管理人参与困境投资业务的经验总体上还比较欠缺，业内仅有国寿金石一家属于定位在困境投资领域的保险资管机构，并且成功募集运行了困境投资基金投资于商业银行的困境资产包，为投资人取得了丰厚的收益。

保险资管机构若想作为管理人发起产品投资于困境投资领域，尚需着重做好以下几点：一是发掘投资机会，布局困境投资资产供给侧网络。随着中国金融市场的发展，企业的融资结构愈加多元，各类具有借贷职能的金融机构或类金融机构都可能成为困境投资资产的供给主体。此外，企业和国有资产经营机构作为市场经济的重要参与主体，在市场活动中也会产生大量的低效或者瑕疵资产，成为困境投资资产的重要来源。目前从市场情况来看，银行仍然是困境投资资产的最大供给方，信托大额困境投资项目近年来也呈现加速暴露趋势。二是提升估值定价能力。困境投资资产往往是拥有瑕疵的资产，以清算价值为基础的估值定价原则在实施投资行为时显得尤为重要，保证在资产获取时可以留足安全边际，为后续盘活重整创造收益空间。三是注重产品设计的合理性。目前，保险资金投资于困境投资的资金规模还比较小，在保险资管机构作为管理人参与的初期，设计符合保险资金安全性及久期匹配要求的产品是保险资金能够较快参与的前提。可以针对保险资金设计专门的优先级类固收产品，通过产品投资经验的积累逐步做好投资者教育工作，让保险资金更深刻地认识困境投资业务的风险收益特征，为后续扩大投资规模及产品类型作好铺垫。四是坚持市场化运作方向。困境投资的各个业务环节均比较专业，需要广泛聚集包括律师事务所、评估机构、评级机构、会计师事务所等专业的机构，协助做好困境投资的尽职调查、评估定价、产品设计、投后管理等各方面工作，为产品的成功运营打好基础。

（三）投资决策流程与困境投资业务不匹配

困境投资业务具备典型的时间窗口机会特征，往往要求交易在一定时间内达成，否则就会失去交易的意义。这方面保险资管机构投决流程能否与特定的困境投资业务相匹配，是保险资管机构发行相关产品能否成功的要点之一。以商业银行批量转让不良资产包为例，一般商业银行会考虑在每个季末之前将不良资产包卖断，实现资产出表降低不良率，从而满足时点不良率的要求。因此，按此工作计划，商业银行一般会提前一个半月左右发出竞买通知，大致确定待转让资产范围，有意愿投资的机构需根据资产清单进行尽调、估值、询价及投标。对于目前大部分保险资管机构来说，投资流程基本分为立项、尽调、投决、交割等，需要锁定投资范围及投资事项，否则无法作出准确的投资决策，这与目前不良资产市场常规运作模式还有不匹配的地方。首先是时间要求紧，不良资产包整个投资过程大概仅有1个月左右的时间，这对于大部分保险资管机构来说较为紧张。其次是资产无法锁定，商业银行在批量转让不良资产的过程中，有权审批行在审查中会发现有不适宜对外转让的资产，因此通常会对转让资产范围进行调整，这就要求投资者根据情况实时作出尽调和估值的调整。这对保险资管机构也是一个挑战。最后是交易无法锁定，保险资管机构在完成内部流程后，需要参与资产包的竞标，在开标后才能确定投资行为是否成功。

第四节 保险资管机构开展困境投资业务的下一步探索

一、丰富产品类型

从目前市场上已设立的困境投资信托产品及困境投资私募基金来看，无论产品层面采用分层结构或是平层结构，各级产品均采用一定的门槛收益加超额收益的分配方式，区别在于各级产品的偿付顺序不同，但实质上均为具备股债混合特性的产品。

从目前保险资管产品在我国资产管理市场上的定位来看，保险资管产品基本上都为私募产品，为更好地匹配困境投资的风险收益特征，建议监管层可以出台困境投资专项产品配套办法，对管理人资格准入、产品发行、存续与终止、投资与管理，信息披露与报告、风险管理、监督管理等相关事项予以明确，从而明确困境投资产品路径。

此外，丰富纾困产品的功能，让纾困产品更好地参与困境投资，也不失为保险资管机构参与困境资产投资的一条可行路径。一是扩大功能外延。纾困产品的设立原本主要是为了解决上市公司股票质押流动性问题，可以扩展到解决优质公司流动性问题，这样可以明显扩大可投公司的选择面，真正提升纾困产品服务实体经济的能力。二是鼓励多品种投资，从现有纾困产品的投资现状来看，仍然以上市公司股票、可交换债券等权益性工具为主，建议鼓励纾困产品投资困境债券、困境债转股等相关标的。特别是2020年末部分省份的大型国企、优质民企信用风险集中爆发，存量债券在二级市场上遭遇抛售，交易价格大幅下跌，若是纾困产品能够参与化解该类债券的流动性风险，充分利用保险资金长期限优势，对于提振市场信心、帮助企业恢复正常经营具有重要意义。三是进一步加大政策支持力度，目前纾困产品已明确不纳入保险公司权益类资产计算投资比例，这对于权益投资额度紧张的中小保险资管公司来说相当具有吸引力，建议后续纾困产品若大部分投资于困境资产，可在监管审批上设置绿色通道，同时在偿付能力计算、相关投资标的的限制上予以倾斜。

二、培育专业队伍

困境投资是一项门槛高、专业性很强的工作，保险资管公司如若做到主动投资，需要有专业人才队伍作为支撑。困境投资流程中的投前、投中、投后，均要求从业人员加强能力建设，不断更新困境投资行业有关政策制度动态，才能真正做好投资工作。

投前工作是以尽职调查为核心，要全面准确客观把握拟投资困境资产的状况，弄清楚债务人的经营情况、债权债务关系、财务情况、抵/质押物状况、其他有效资产情况，特别要摸清可偿债资产上的瑕疵情况。只有全面摸清困境资产情况，才能为后续投资工作打好基础。因此，投前工作一般需要有法律或财务背景的专业人员从事。

投中工作是以评估定价为核心。评估定价是价值判断的基础，在了解资产情况之后，根据假设清算法、可比案例法、市场法等分析出债权价值，在此基础上留出足够的安全边际及合理的成本、利润之后，得出最终的询价区间。投中工作需要由专业的评估人员来从事。

投后管理是以推动处置为抓手、资产变现为目标，困境资产变现手段可以归纳为司法拍卖、债务和解、对外转让等方式，这一切都需要在推动司法处置的基础上来实现。司法处置的往前推进不仅可以给债务人带来压力，以诉促谈，还可以化解资产瑕疵，增强资产流动性。因此，推动司法程序是投后管理工作的核心。法律或者市场营销人才比较适合从事投后工作。

总体上来说，困境资产属于非标资产，且各种资产情况千差万别，需要根据个案情况制订有针对性的投资方案，拥有专业人才队伍是这一切的基础。

三、探索参与一级市场

近年来，监管层面鼓励参与困境投资市场的主体多元化。从持牌机构来说，银行系的资产管理公司（AIC）及银河资产管理公司（第五家全国性 AMC）均为新设机构，可以深度参与困境投资市场；从数量来说，地方 AMC 进一步扩容，截至 2020 年 6 月底，已有 57 家地方 AMC 获准开业，部分地方 AMC 经过数年的发展，例如浙商、山东国资、安徽国厚等，已成为化解地方金融风险的重要参与方。

除少数保险公司入股了部分地方 AMC 外，保险资管公司作为保险资金的核心管理人和擅长长期资金投资的专业资管机构，在困境资产投资的从业牌照方面尚显欠缺。建议考虑比照银行系资产管理公司的模式，对有条件的保险资管机构发放直接投资不良资产的牌照，鼓励保险资管积极参与一级市场，直接对接困境投资资产原始供给方，获取一手资源，最重要的是可以用一级市场的价格取得资产，留足投资安全垫，符合保险资管机构审慎投资的理念。

第七章
结　　语

席卷全球的新冠肺炎疫情深刻改变了全球经济格局，尽管疫情依然在反复，需要站在新形势、新起点去评估后疫情时期的困境资产投资形势，思考保险资金参与困境投资的新未来。

既是机会，也是责任。在疫情冲击下，全球产业结构正在加速分化调整，区域格局和全球产业链面临重构。从国际经验看，无论是20世纪80年代的美国的储贷危机、90年代的高收益债危机，还是2008年全球金融危机、2010年的欧债危机，对困境投资而言，每次危机都是转机，都会带来行业大发展。对此次全球新冠疫情冲击，也需要有前瞻眼光，把握好保险资金参与困境资产投资的发展机会。与此同时，对中国而言，应对疫情冲击和后疫情下全球产业新竞争，经济结构调整转型升级步伐正在加快，去产能、去杠杆、债务出清、并购重组的步伐正在加快。宏观杠杆率再次抬升、债务规模扩张，后续必然会面对较长周期的不良资产增长期。保险业作为长期资金的重要供给者，在服务实体经济的调整转型中可以承担更大责任，有更大作为。参与困境投资给保险资金把握新机会、承担新责任、实现新作为，提供了一个新的潜力领域，值得行业进一步发掘和探索。

虽是起步，重在成长。对保险资金而言，参与困境投资还处于起步期，目前总体参与投资规模不大，参与投资的保险机构占比不高，有相当一部分保险机构还在做参与困境投资的前期准备，有些还在观望和摸索之中。但也需要看到：一方面，随着保险资金的规模持续成长，保险机构的专业投资能力也在持续增强，创新探索的脚步一刻也没有停止。保险资金在另类投资、股权投资等领域上已经积累了丰富的投资经验和稳健的风险管理能力，这一切都为后续扩大困境投资提供了良好的发展基础。另一方面，保险资金参与困境投资势头在持续加速。近三年，参与困境投资的规模增长很快，参与机构的数量也在不断扩大，正处于持续成长的过程。当下既是起步期，更是成长期，前景看好。

展望未来，要在长期消纳能力建设中要发挥更大作用。困境资产投资作为重资本运作行业，资金为其核心竞争力，只有充足的资本金，才能承接庞大的市场供给并提升市场竞争力和可持续发展能力。在当前困境资产的处置过程中，不良资产一级市场，已经建立了以全国性不良资产管理公司、地方性 AMC 以及银行设立的 AIC 等为主体的"5 + 2 + AIC + N"市场阵形，有相对充足的资金保障。二级市场的不良资产承接和消纳方面，还是靠一些短期的、临时性的、以财务投资为主的民间资金，来源复杂，期限较短，稳定性差，周期性波动大，不利于长期消纳能力建设。在二级市场中，如果用短期的资金匹配长期的项目处置，难以解决市场的流动性问题。为此，为促进困境投资长期健康发展，需要进一步发挥保险资金作用。

展望未来，我们期待有更多保险投资机构、有更大规模保险资金进入困境资产投资领域；期待保险资金不仅积极参与困境投资的二级市场，而且积极参与困境资产消纳的一级市场；期待有更多保险资管机构能作为管理人参与困境资产投资的产品设计和模式创新，在困境资产消纳能力建设中扮演更加积极的长期投资角色。

展望未来，期待形成更加良好、更加成熟的困境投资生态。首先，期待当前制约保险资金积极参与的深层次问题尽快解决。例如可投资产品不够丰富、适合保险投资的产品规模与保险资金潜在可投规模存在差距。除了处理不良资产处置的基金产品外，一些实物单体项目、困境反转的并购重组和债转股等，在保险资金的资产配置上难以形成可复制的模式。其次，期待发挥保险资金特色，并借力困境资产投资产业链条，建立全面协同合作的良好生态，既发挥行业内外协同作用，发挥好行业内部协同作用。外部协同主要是指产业链上下游机构强强联合，内部协同是指在行业内部保险机构间产品、业务、机构等相互协同发展。内部协同可以有效提升险资自身投资能力，外部协同在合作中使参与方得到互惠，共同推进行业进一步发展。最后，展望未来，在困境投资的相关政策上，期待进一步解决尚存的短板，打通最后一公里，更好地发挥协会牵头统筹作用，优化投资环境，进一步调动保险资金全面参与困境资产投资积极性。

附录一
困境资产政策梳理

从20世纪末华融、长城、东方、信达四大资产管理公司成立，对口接受工、农、中、建四大商业银行政策性剥离的不良资产开始，有关监管部门先后出台了系列监管政策，为我国困境资产行业的发展创造了良好的制度环境。与行业发展阶段相对应，中国困境资产行业的政策演进大致经历了三个阶段。

第一个阶段是开创期（1999~2005年）。此阶段的政策法规主要以明晰业务定义、框定业务范围为主。其中，2000年11月国务院令第297号《金融资产管理公司条例》对金融资产管理公司的各方面作出了规定，是中国资产管理行业的标志性文件。此后，财金〔2004〕40号批准资产管理公司开展抵债资产追加投资、委托代理和商业化不良资产收购等业务；财金〔2005〕136号对资产管理公司的内部控制要素进行了界定。

第二个阶段是规范期（2006~2011年）。此阶段的政策法规主要对困境资产的出让及收购行为进行了规范。原银监发〔2009〕113号、原银监发〔2010〕102号、原银监发〔2011〕20号分别规范了银行业金融机构信贷资产转让业务、限制回购条款、金融资产管理公司及其附属法人机构的并表监管。

第三个阶段是完善期（2012年至今）。这一阶段的政策主要涉及三个方面。一是涉及丰富不良资产行业参与主体的相关规定。财金〔2012〕6号、原银监发〔2013〕45号鼓励设立地方资产管理公司（每个省份原则上只设立一家），并明确鼓励民营参股；原银监办便函〔2016〕1738号，允许各省份可增设一家（最多可设立两家）地方资产管理公司；原银保监会令〔2018〕4号准许商业银行成立金融资产投资公司，并以债转股方式参与不良资产处置。不良资产行业的机构类型和数量进一步得到丰富。二是涉及完善批量转让的相关规定。财金〔2012〕6号的发布是政策性剥离之后第一次允许商业银行将不良资产组包转让；原银监办便函〔2017〕702号降低了不良资产批量转让门槛，将不良资产批量转让组包户数由10户以上降低为3户及以上。此外，原银监办便函〔2016〕1738号放宽了关于地方资产管理公司收购的不良资产不得对外转让的限制，允许以债务重组、对外转让等方式处置不良资产，对外转让的受让主体不受地域限制。2021年初中国银保监会办公厅正式印发《关于开展不良贷款转让试点工作的通知》（银保监办便函〔2021〕26号），对商业银行对公贷款单户转让及零售贷款的批量转让作出了相应规定，有效弥补了监管空白。三是涉及聚焦主业的相关规定。原银监办发〔2016〕56号对资产管理公司开展不良资产通道类业务作出了限制，明确规定资产管理公司收购银行业金融机构不良资产时需通过评估或估值程序进行市场公允定价，以实现资产和风险的真实、完全转移。原银保监发〔2019〕23号明确规定要对重点领域、重点风险进行深入整治，以提升银行保险机构内控合规水平。严禁金融资产管理公司违法违规向地方政府提供融资或通过其他平台为地方政府新增债务等；禁止以收购金融或非金融不良资产名义变相提供融资；重点整治为银行业金融机构规避资产质量监管提供通道以及违规新增办理类信贷等固定收益类业务等乱象。原银保监办发〔2019〕153号是首份地方AMC行业规范化文件，重在规范地方AMC"回归主业"这一核心职责。

按照困境资产供给端（以商业银行为主），以及买入和处置端（各类资产管理公司）的分类，我们对主要政策进行了简要的梳理。从历年出台的条例可以看出，由于商业银行不良贷款在困境资产中的占比较大，困境资产供给端的条例大多针对商业银行，供给端的政策主要侧重于监管商业银行交易的真实性（见表1）。

表1　针对商业银行（供给端）困境资产的监管要求

发布时间	发布主体	文件名称	主要内容
2009年12月	原银监会	《关于规范信贷资产转让及信贷资产类理财业务有关事项的通知》	规定银行业金融机构在进行信贷资产转让时，只有将信用风险、市场风险和流动性风险等完全转移给转入方后，方可将信贷资产移出资产负债表，转入方应同时将信贷资产作为自己的表内资产进行管理；禁止资产的非真实转移，在进行信贷资产转让时，转出方自身不得安排任何显性或隐性的回购条件
2010年12月	原银监会	《关于进一步规范银行业金融机构信贷资产转让业务的通知》	银行业金融机构转让信贷资产应当遵守真实性原则，禁止资产的非真实转移。转出方不得安排任何显性或隐性的回购条款；转让双方不得采取签订回购协议、即期买断加远期回购等方式规避监管。不得使用理财资金直接购买信贷资产
2012年6月	财政部、原银监会	《金融企业不良资产批量转让管理办法》	规范不良资产批量转让程序，包括资产组包、卖方尽职调查、资产估值、制定转让方案、发出要约邀请、组织买方尽调、签订转让协议等多个步骤，规定批量转让是指金融企业对一定规模的不良产（10户/项以上）进行组包
2016年4月	原银监会	《中国银监会办公厅关于规范银行业金融机构信贷资产收益权转让业务的通知》	着重限制了商业银行通过收益权转让方式将不良资产出表。规定出让方银行应当根据《商业银行资本管理办法（试行）》，在信贷资产收益权转让后按照原信贷资产全额计提资本

续表

发布时间	发布主体	文件名称	主要内容
2019年4月	银保监会	《商业银行金融资产风险分类暂行办法（征求意见稿）》	金融资产逾期后应至少归为关注类，逾期90天以上应至少归为次级类，逾期270天以上应至少归为可疑类，逾期360天以上应归为损失类；逾期90天以上的债权，即使抵押担保充足，也应归为不良
2021年1月	银保监会	《关于开展不良贷款转让试点工作的通知》	明确将进行单户对公不良贷款和批量个人不良贷款转让试点；明确试点参与机构及相关工作要求

资料来源：课题组整理

以资产管理公司为代表的困境资产买入和处置机构是政策的产物，其发展过程与政策的引导和规范密不可分。从时间来看，与行业相关的政策可以分为两类：一类旨在引导资产管理公司规范经营，实现可持续发展；另一类则主要是加强对资产管理公司的监管，促进其坚持主业，防止生成新的风险（见表2）。

表2 针对各类困境资产管理机构（买入和处置端）的监管要求

发布时间	发布主体	文件名称	主要内容
2000年11月	国务院	《金融资产管理公司条例》	对四大金融资产管理公司的注册资本、业务范围、资金来源、公司治理、财税政策等方面作出了规定
2004年4月	财政部	《金融资产管理公司有关业务风险管理办法》	资产管理公司获准开展抵债资产追加投资、委托代理和商业化不良资产收购等业务
2012年10月	财政部、原银监会	《金融资产管理公司收购非金融机构不良资产管理办法（征求意见稿）》	全面放开了金融资产管理公司开展非金融机构不良资产业务的门槛
2013年11月	原银监会	《关于地方资产管理公司开展金融企业不良资产批量收购处置业务资质认可条件等有关问题的通知》	划定了地方AMC的资质认可条件及业务范围

续表

发布时间	发布主体	文件名称	主要内容
2014年11月	原银监会	《金融资产管理公司监管办法》	明确对资产管理公司综合经营的规范和指引。对资产管理公司业务范围、业务活动、公司治理、风险管控、内部交易管理、资本充足性、信息披露、监督管理等作了明确规定
2015年6月	财政部、原银监会	《金融资产管理公司开展非金融机构不良资产业务管理办法》	允许金融资产管理公司参与处置存量不良资产，包括积极运用并购重组、核销等多种处置手段以及拓宽企业兼并重组的融资渠道
2016年3月	原银监会	《关于规范金融资产管理公司不良资产收购业务的通知》	进一步规范开展不良资收购业务
2016年10月	国务院	《关于积极稳妥降低企业杠杆率的意见》《关于市场化银行债权转股权的指导意见》	明确银行债权转股权应遵循法治化原则，按照市场化方式有序开展，由此宣告本轮市场化债转股拉开序幕
2016年10月	原银监会	《关于适当调整地方资产管理公司有关政策的函》	对地方AMC在设立数量和处置方式上松绑：一是允许有意愿的省级政府增设一家地方AMC；二是取消不良资产不得对外转让的限制
2017年4月	原银监会	《关于提升银行业服务实体经济质效的指导意见》	明确表示鼓励金融资产管理公司、地方资产管理公司等积极参与不良资产处置，要多种渠道盘活信贷资源，加快处置不良资产
2017年4月	原银监会	《关于公布云南省、海南省、湖北省、福建省、山东省、广西壮族自治区、天津市地方资产管理公司名单的通知》	公布了7家地方资产管理公司名单的同时，降低了不良资产批量转让门槛，将不良资产批量转让组包户数由10户以上降为3户及以上
2017年12月	原银监会	《金融资产管理公司资本管理办法（试行）》	加强对金融资产管理公司的资本监管，弥补制度短板，提升监管效能，引导资产管理公司进一步聚焦不良资产主业，服务实体经济和供给侧结构性改革，规范多元化经营

续表

发布时间	发布主体	文件名称	主要内容
2018年1月	国家发改委等	《关于市场化银行债权转股权实施中有关具体政策问题的通知》	进一步放开债转股实施的限制,将除银行债权外的其他类型债权纳入转股债权范围,允许实施机构受让各种资产质量分级类型债权并实施债转股
2018年6月	银保监会	《金融资产投资公司管理办法（试行)》	明确了金融AIC的非银属性,对银行债转股的资金来源、业务模式、机构设立等作出了明确要求
2018年6月	国务院	《关于积极有效利用外资推动经济高质量发展若干措施的通知》	支持西部地区和东北老工业基地的地方资产管理公司按照制度完善、风险可控的要求,向境外投资者转让人民币不良债权
2019年7月	国家发改委等	《2019年降低企业杠杆率工作要点》	提出多项政策激励金融资产投资公司,包括使用定向降准资金、永续债资本补充、鼓励外资入股等
2019年7月	银保监会	《关于加强地方资产管理公司监督管理工作的通知》	针对地方资产管理公司列举具体负面清单,强调要避免盲目设立地方资产管理公司,把好市场入口和市场出口两道关;不得设置任何显性或隐性的回购条款;不得以任何形式帮助金融企业虚假出表掩盖不良资产;不得以收购不良资产名义为企业或项目提供融资

资料来源：课题组整理

附录二
国内外困境资产投资典型案例综述

本专题通过多种类型的案例分析,介绍了国外与国内困境资产投资领域具有代表性的典型案例,并按照困境债权资产重组、困境实物资产重组、困境股权重组三个策略方向进行分类详述。

第一节 国外困境资产投资典型案例

一、国外困境实物资产重组案例:切尔西市场

(一)案例背景与标的资产简介

切尔西市场(Chelsea Market)始建于1890年,由国际饼干公司即纳贝斯克公司(NBC)设计、修建和所有,位于美国纽约切尔西区第15街和第16街之间,东起第9大道,西至第11大道,总面积约120万平方英尺(约11万平方米)。在随后的近半个世纪,国际饼干公司规模不断扩张,切尔西市场一直是公司的生产基地。1958年,国际饼干公司搬离曼哈顿,并于1959年将切尔西市场所在街区的资产卖出,切尔西市场日渐了落。

(二) 投资改造过程

切尔西市场的重整改造始于20世纪90年代，纽约资本市场的错位导致一些地产出现流动性困难，安祖高顿（Angelo, Gordon & Co.）通过其管理的机会型投资基金低价收购了一个由写字楼和工业地产组成的不良地产组合，面积为350万平方英尺，其中包含切尔西市场。

在持有的前三年中，安祖高顿将除切尔西市场之外的其他资产进行处置，并聚焦切尔西市场进行重新定位，升级改造。安祖高顿对切尔西市场的重整改造主要分为规划设计、租户招商两个方面（见图1）。

20世纪90年代初切尔西市场

2010年切尔西市场

图1　切尔西市场改造前后对比图

规划设计方面，安祖高顿对位于第九大道和第十大道之间的老建筑群进行了改造，并把二层以上转租给了一批新兴的科技公司，并在项目一楼设计一条室内食品店拱廊，这就是如今"新切尔西市场"的雏形。由于项目原为废弃工业区，工业文化与新兴科技、食品、餐馆完美结合，成为切尔西市场最大的亮点。此外，为了鼓励客人在市场内停留更长的时间，当时的食品商店开始在走廊摆放柜台，市场管理方也在走廊中摆放桌椅，以吸引游客逗留饮食，切尔西市场逐渐吸引了项目周边社区及楼上的办公人群前来就餐。

租户招商方面,安祖高顿引入了日本餐厅森本(Morimoto)和亚洲餐厅佛田(Buddakan)等高级餐馆,并且设置了各自的临街入口,这让切尔西市场的客流量不断增加。独特的设计风格、优越的地理位置与良好的商业规划,使切尔西市场逐渐成为纽约市面积最大、最受欢迎的美食广场,拥有超过40个摊位和丰富的食物选择。

2003年,安祖高顿将切尔西市场出售给詹姆斯敦房地产公司(Jamestown Properties),但继续持有小部分股份并帮助新业主进行过渡和管理。

(三) 项目退出概况

安祖高顿运营期间,切尔西市场实现了从工业园区到美食广场的完美转变,市场租金也提高了5倍。2011年,安祖高顿将切尔西市场全部剩余股份卖给詹姆斯敦,出售时切尔西市场的出租率已经达到99%,租金也达到了历史最高水平。2018年谷歌公司向詹姆斯敦以23.98亿美元的价格收购切尔西市场整体资产,作为纽约员工办公场所,切尔西市场已成为纽约的一张城市名片。

二、国外困境股权投资案例:Aleris

(一) 案例背景与标的公司简介

Aleris(德国爱励公司)前身为美国联合铝业及铝和锌再生公司,主要从事压延产品的生产和回收,产品主要为铝板,为工业领域重要的原材料。自2004年成立以来,Aleris收购了英国康力斯集团(Corus)等,公司业务规模快速扩大,但因收购也导致债务规模急剧扩张。

在收入及利润规模扩张后,2006年,Aleris被德州太平洋集团(TPG)收购,收购方式为杠杆收购,收购总对价为33亿美元,该价格比前一日收盘价溢价近30%。从资金来源看,其中,19.5亿美元为杠杆融资中最高层级的优先债务,包括12亿美元有抵押权的优先贷款和7.5亿美元有抵押权的贷款;10亿美元为杠杆融资中的夹层债务,包括6亿美元高级债券和4亿美元高级次级债券;3.5亿美元来自股本和TPG的自有资金。从资金用途看,17亿美元用于收购Aleris的股权,16亿美元用于承接债务,并于2006年12月完成。

收购完成后,Aleris的长期债务暴增3倍,从2005年的6.31亿美元增至2006年的25.675亿美元,利息费用也水涨船高。按照当年的预估数据,利息费用为2.197亿美元,比2005年的0.403亿美元高出4倍,利息保障倍数仅1.08倍(2.376/2.197),略微覆盖利息支出。同时,Aleris财务状况恶化,2006年因杠杆收购新增了超过19亿美元的长期负债,为2005年长期负债规模的3倍,导致利息费用同步增长了4倍以上,达到2.2亿美元。2006年,Aleris资产负债率已经高达82.44%。TPG收购Aleris后,恰逢全球铝制造进入逆周期,公司利润水平已经无法覆盖高额的利息支出。2007年,利息支出2.093亿美元,亏损1.286亿美元。

2008年开始,美国杠杆收购中的银行贷款违约率迅速攀升,至2009年初,违约率已超过2000～2002年的水平,8%的银行贷款出现违约。在TPG收购Aleris一案中,由于TPG对19.5亿美元的优先债务作出了担保,2008年12月,TPG必须帮助该公司偿还银行贷款。2009年2月12日,Aleris申请破产保护,使TPG的股权投资发生重大亏损。

(二) 标的资产交易双方背景

Aleris 因杠杆收购陷入困境，橡树与阿波罗等基金捕捉投资机会，通过债权收购与重组获取公司控制权，再将 Aleris 私有化之后获得 Aleris 新发行普通股的权利，通过重新 IPO 获利退出。

(三) 投资方案

橡树资本的投资方案为通过购买债权及破产重整获取对公司的控制权。具体来看，橡树资本两度买入 Aleris 的债权。第一次是在 Aleris 破产保护前，即从 2008 年第四季度，开始低价从贷款银行收购 Aleris 的债权，并同时通过公开市场操作折价收购 Aleris 发行的债券。虽然橡树资本购买 Aleris 债券的折价幅度和银行贷款的买入折扣并未公开，但从杠杆收购贷款迅速蹿升的违约率和 TPG 的损失可以大致推断出 Aleris 债券价格曾出现大幅跳水，而银行出于流动性需要，为尽快收回贷款，在转让时也作出了一定折扣的让步。

橡树资本在 Aleris 破产前收购债权有两方面考虑。一方面，在杠杆收购中，TPG 为优先债务作出的担保。2008 年 12 月，TPG 必须替 Aleris 偿还银行贷款，这使得 Aleris 债权具有一定的升值潜力；另一方面，如果 Aleris 申请破产保护，在破产重组程序后，获取债权即获得了对公司的控制权，有利于橡树控制 Aleris 重组程序，在重组中进一步获利。

在 Aleris 申请破产保护后，橡树资本及相关方再次向 Aleris 融资。为了补充公司流动资金及重整计划下偿债（支付管理费用、分配破产保护申请前产生的债权等），Aleris 在重整计划中申请了 10.75 亿美元 DIP（Debtor-in-possession）融资，其中 5.75 亿美元来自德意志银行和美国银行的循环信贷，5 亿美元来自橡树和阿波罗的定期贷款。

（四）公司运营重整方案

2009年2月12日，Aleris申请破产保护；2009年3月18日，达拉华州破产法庭批准其总计10.75亿美元的DIP融资；2010年2月5日，Aleris提交重整计划。

重整计划的主要条款是：一是贷款持有人可选择收取现金或是股票来获得清偿；二是橡树资本、阿波罗和贝恩旗下基金组成的救济方承诺在公司重组中投资6.9亿美元，用于认购新发行的股票和债券；三是Aleris重组后将被私有化，实际控制人为救济方；四是除银行贷款之外的无担保债权可能获得25%~50%的清偿率（本来被减值到1万美元）等。

2010年5月13日，达拉华州破产法庭通过Aleris修正后的重整计划。2010年6月1日，Aleris脱离破产保护，资本结构见表1。

表1　　　　　　　　Aleris脱离破产后的资本结构

以未来收入为抵押的银行贷款（ABL Facility）	5亿美元
2020年到期、票面利率为6%的次级可交换债券	4 500万美元
可赎回优先股	500万股
普通股	5 000股

资料来源：课题组根据公开资料整理

在该资本结构基础上，Aleris发行了9 152.531万股普通股，其中向部分原有债权人新发行了3 071.3051万股普通股，向破产申请后新进入的债权投资人发行6 577.8623万股普通股，向核心管理层发行8.9259万股普通股。

破产重整结束后，Aleris完成了资产负债的重构，原股东无偿让渡全部股东权益，原债权人放弃对Aleris的追索权。公司负债结构大幅优化,彻底走出债务危机(见图2)。

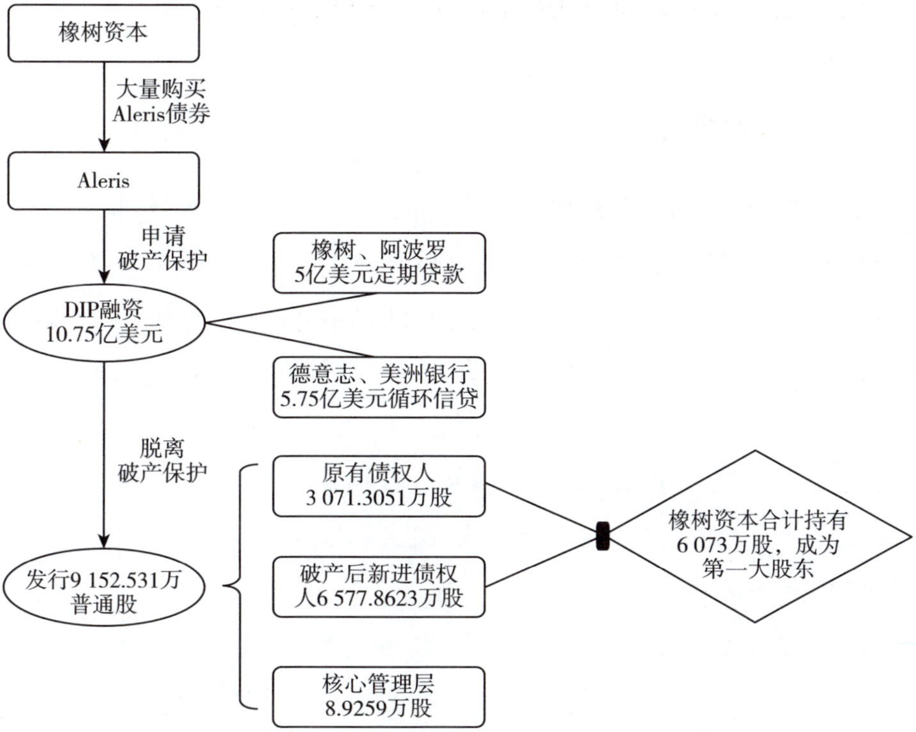

图 2　Aleris 重整流程

资料来源：课题组整理

根据新股发行方案,作为原有债权收购人和破产后的主要债权投资人的橡树资本和阿波罗成为 Aleris 的主要股东,橡树资本持有 6 073 万股,占比 59.68%;阿波罗持股 1 857 万股,占比 18.87%。2011 年 4 月 26 日,Aleris 向纽交所提交了 S-1 上市文件。

(五)项目退出概况

Aleris 重新 IPO 之后,橡树资本及阿波罗通过二级市场减持实现退出。出售完成后,橡树资本持股比例将从 59.7% 降到 40.4%,阿波罗的持股比例也从 18.9% 降至 12.7%。

三、国外困境股权投资案例：利安德巴塞尔

（一）标的公司简介

巴塞尔公司是巴斯夫和壳牌在 2000 年为合并聚烯烃业务成立的合资公司，2005 年被两家公司剥离后独立运营。2007 年，为扩大生产占领市场，巴塞尔斥资 190 亿美元杠杆收购化工原料生产商利安德公司，改名为"利安德巴塞尔"。此项并购产生了以下影响：

一是将产业链延伸到产业上游，提高了下游业务的毛利水平；二是北美与欧洲业务实现有效整合，市场重心向北美转移；三是由于采用杠杆并购形式，此次并购不仅占用了公司大量资金，还存在高额的债务风险。

2008 年金融危机后，市场需求大幅萎缩，利安德巴塞尔业绩大幅下降。此外，石油价格的下降导致公司存货价值严重缩水，再融资难度增加。与此同时，高杠杆的负效应显现，公司遇到严重的流动性危机，2008 年底公司流动资产余额从第三季度末的 16.7 亿美元锐减至 6.39 亿美元，已经无力偿还债权人利息。

更为严重的是，休斯顿炼油厂发生一起安全事故，造成 4 名员工死亡，且飓风"艾克"的影响使公司位于得克萨斯州的工厂停产。市场危机与高额债务的多重打击严重影响了公司的正常经营。2008 年底，公司大约 2 500 名员工（占其员工总数的 15%）被解雇，资产负债率达到 94%。

（二）投资方简介

阿波罗资产管理公司于 1990 年成立，是全球领先的另类资产管理公司，于 2011 年在纽约证券交易所上市。截至 2019 年 12 月 31

日,阿波罗资产管理公司资产管理规模超过 2 100 亿美元。

(三) 投资方案

在利安德巴塞尔公司遇到严重的流动性危机后,花旗银行等金融机构开始打折出售利安德巴塞尔公司的金融债权,凭借在化工行业的经验和预判,阿波罗在利安德巴塞尔进入破产程序之前,以折扣价从花旗银行手中买下了利安德巴塞尔的逾期债权,并不断以低至 1/5 的折扣买进该公司的其他金融机构债权。

2009 年初,在阿波罗的推动下,利安德巴塞尔进入破产程序,阿波罗将 20 亿美元的债权全部转换为利安德巴塞尔公司的股权,同时取得了主持破产融资的控制权。此后,阿波罗主持了 80 亿美元的破产融资,最终利安德巴塞尔在 2010 年结束破产保护时,债务规模已经从 260 亿美元减少至 72 亿美元。

与此同时,阿波罗派出了 3 名代表成为利安德巴塞尔公司的董事会成员,取得公司的经营控制权,推动公司的运营重整方案。

(四) 公司运营重整方案

破产重组后,阿波罗采取了多种措施恢复公司的正常经营,完善公司治理机制。公司运营重整方案主要分为公司治理、运营优化、技术革新及管理优化四部分。

公司治理方面,在阿波罗的推动下,利安德巴塞尔解除了多项垃圾合同,并妥善处理了相关合同纠纷。同时,阿波罗聘请了雪佛龙菲利普斯化工有限公司 CEO 来担任利安德巴塞尔的新任 CEO,扩大了现有产能,以迅速利用页岩气发展带来的乙烷价格下降的市场机会,把握住了市场机遇。运营优化方面,利安德巴塞尔关停了位于得克萨斯州和德国的运行成本较高的工厂,抛售了多处高成本资产,并在 2009 年裁员 15%,精简机构。2010~2013 年,公司管理费用降低2.5亿美元。技术革新方面，公司提高科研投入，持续提高北美和欧洲裂解料的比例，扩大乙烯裂解装置近20%的产能，以满足汽车制造市场持续增长的需求。管理优化方面，吸取了金融危机前生产事故的教训，公司更加重视生产安全，通过改善设备、加强管理等措施，2013年公司在保证稳定、高负荷生产的情况下，安全环保事故率相比2009年降低了2/3。

经过有效的运营重整，外加对行业前景的精准预判和定位，利安德巴塞尔很快实现了扭亏为盈，业绩在其后的几年里突飞猛进，股价也随之飞涨。

（五）项目退出概况

2013年，阿波罗成功通过二级市场股票出售实现退出，20亿美元逾期债权转换为股票后，价值已经突破120亿美元，5年间实现了约100亿美元的投资收益。据统计，该项目阿波罗的净内部回报率达到30%。

破产重整后的利安德巴塞尔公司自2010年起至2019年，连续十年实现盈利，2019年净利润达到33.9亿美元（见图3），公司股价也从2010年的19元/股左右上涨至2020年的80元/股左右（见图4），涨幅达到4倍，公司在2020年《财富》评选的世界500强企业中排行第360位。

从利安德巴塞尔公司的案例看，阿波罗对行业的把握以及对重组过程的控制是成功的关键。对于陷入债务危机的企业，困境资产管理机构通过低价购入债权后转换为股权从而取得企业经营权，然后通过自身的运营管理能力帮助企业改善生产经营状况和运营管理水平，从而逐步实现投资退出，并获得较高的投资收益。该策略的核心在于对标的公司未来前景的预判能力以及投后运营能力。

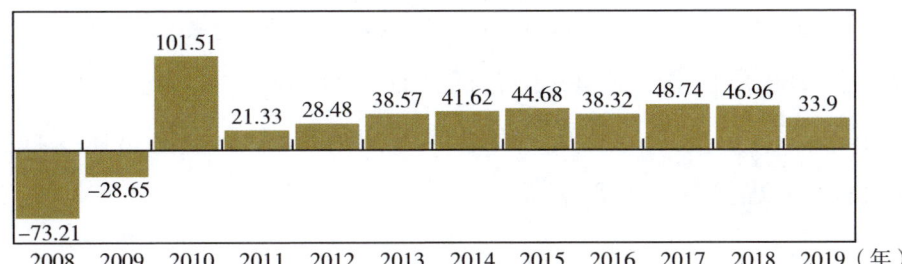

图 3 利安德巴赛尔工业净利润（亿美元）

资料来源：Bloomberg

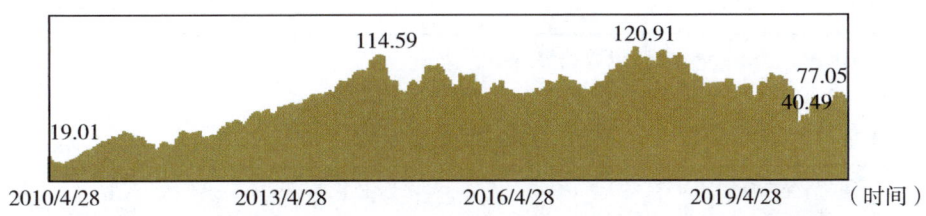

图 4 利安德巴赛尔工业重组上市后股价表现（美元/股）

资料来源：Bloomberg

第二节 国内困境资产投资典型案例

一、国内困境债权资产包案例一

（一）项目资产简介

2016 年第二季度上海 XX 包中不良债权资产的原贷款银行为某股份制商业银行上海分行，2014 年 10 月银行将该资产包整体转让给某资产管理股份有限公司上海市分公司，债务人主要为钢贸类企业。

该资产包中共有 100 户债务人，不良债权本金余额约为 10 亿元人民币，利息等合计约为 17 亿元；包内不良债权的担保方式有抵押和保证，100 户债务人中 18 户有抵押物，对债权本金占比 30%。该资产包中不良债权所对应的底层抵押物主要分布在上海市区及江苏省苏州市（见表 2 和表 3）。

表 2　　　　　　　　　债权担保类型统计

担保类型	户数（户）	债权本金余额（元）	债权本金占比（%）
抵押+保证	18	294 920 668.80	30
保证	82	680 451 802.50	70

资料来源：课题组根据调研数据整理

表 3　　　　　　　　　司法诉讼进展统计

司法诉讼进展	户数（户）	债权本金余额（元）	债权本金占比（%）
未诉	1	417 713.88	0
已诉，已判，未执行	56	564 175 780.70	58
已诉，已判，执行中	43	410 778 976.70	42

资料来源：课题组根据调研数据整理

鼎一投资于 2016 年 6 月以 16 000 万元价格购买了该资产包。

（二）标的资产买方介绍

鼎一投资成立于 2015 年，主要关注经济结构调整和产业转型升级中涌现的各类困境资产投资机会，深度发掘基于流动性危机或运营困境等带来的核心资产低价获取的机遇，通过对快速流转型的困境债务重组项目的批量收购和快速处置，并持续发掘与困境实物资产、困境企业相关的重组并购、运营提升的特殊机遇，打磨细分资产品类的隐形冠军，实现长期稳健的确定性收益。

鼎一投资目前同时管理多期专注于困境资产投资的人民币基金和美元基金，管理规模近百亿元人民币。截至 2020 年 12 月，鼎一投资累计平层投资困境资产超130亿元人民币，累计管理超过3 000笔困境资产，并实现近110亿元人民币的现金净回收。其投资策略除传统的银行不良资产包的处置外，困境实物资产重组也是其重要投资品类之一。鼎一主要关注位于核心投资区域的核心商务区的困境资产，产权清晰，具备较好的运营提升空间。

（三）资产包尽调概述

在与资产管理公司初步对接、获取项目档案资料并进行初步审阅后，鼎一投资的投资团队进行了全面的尽职调查，具体工作如下：

1. 信贷员访谈：和资产管理公司负责该项目的资产经理进行访谈，访谈内容包括债权借贷情况、法律状况、抵押物状况。

2. 档案阅卷：聘请第三方律师事务所对债权出具法律意见书。

3. 房产查册及评估：前往房产管理部门调阅全部抵押物的房产档案并打印复核。由具有房地产估价一级资质的第三方评估公司对重点抵押物出具相关评估报告。

4. 现场勘查：鼎一投资的投资团队及投后处置人员对于全部抵押物进行现场勘查、走访和价值取样。

基于第三方机构出具的法律意见书及评估报告，投资团队对资产价值形成独立判断。最终，投资人员根据现场尽调结果制作投资备忘录、估值模型并提交内部风险管理委员会预审，预审通过后发起投资决策委员会进行项目投资决策。

（四）资产包估值逻辑与估值方式

不良债权回收主要来源于抵押物回收和保证类回收。

通过司法途径处置债权项下抵押物是不良债权实现回收的重要方式之一。在分析抵押物回收值时，第一步是对抵押物的市场价值作出判断。在确定抵押物市场价值时，常用的估值方式包括市场法、收益法及成本法。

市场法又称市场比较法、比较法，是将估价对象与在估价时点的近期发生过交易的类似物业进行比较，并对这些类似物业的成交价格进行适当处理，以求取估价对象客观合理价格或价值的方法。运用市场法估价一般分为下列四步骤进行：（1）搜集交易实例；（2）选取可比实例；（3）对可比实例成交价格进行处理；（4）求取比准价格。

收益法是将资产预期收益资本化或者折现，确定评估对象价值的方法。基本公式为：

$$收益法评估价格 = \frac{年租金收益 \times (1-空置率) \times (1-增值税)}{资本收益率 \times 建筑面积}$$

成本法是通过估算重新建造与估价对象类似房地产所需的、客观的各项成本费用、正常利润及税金得出估价对象房地产建筑物的完全重置价格，扣除建筑物折旧，从而估算出估价对象的客观合理价值或价格的一种估价方法。基本公式为：

成本法评估价格 = 建筑物重置单价 × 建筑面积 × 成新率 × 流动性折扣 × (1-清场费用率) × (1-资产交易费用率)

依据上述估值方式得出抵押物市场价值后，要根据抵押物的业态类型判断抵押物变现的难易程度，进而赋予不同的资产变现系数和处置税费。抵押物市场价值与变现系数两者相乘，再扣除处置税费后，即可得出抵押物的变现值。

更进一步，将抵押物变现值与标的债权本息、最高额抵押金额进行对比，取三者中的最小值，得出抵押类债权的回收值。

对于保证类回收，需要根据债权对应的查封物、债务人的其他财产线索、进行分析，保证人和解还款意愿等进行分析，综合评估上述因素后，确定保证类债权的回收比例。

最终，将抵押类不良债权的回收值与保证类不良债权的回收值相加，得出不良债权资产毛回收值。在毛回收值基础上扣除预计处置费用（主要为预估律师费及拍卖费），得出资产包净回收金额。

2016年第二季度上海XX包估值方式。

（1）回收价值分析。项目团队通过现场调查、网搜、律师现场尽职调查、当地处置运营合作方等渠道对抵押物及周边可比物业相关情况进行了解，对其市场价值进行判断。

项目团队通过综合运用场法、收益法及成本法，得出该项目底层资产的市场价值约为2.35亿元。

在抵押物市场价值的基础上，根据不同类型物业的变现难易程度基于相应的折扣率，并根据不同的业态类型扣除相应的处置税费，进而得到抵押物变现价为2.05亿元。

在抵押物所对应债权本息、最高额抵押金额（如有）、税后保守变现价中取最小值得出保守回收值（若有优先债权的要减去优先债权金额）。该项目抵押类债权保守回收值约为2亿元。

此外，对于保证类债权，根据以往处置经验，给予4%的信用敞口。该项目信用类敞口回收值约为3 000万元。

综上，本项目毛回收金额约为2.3亿元（包含抵押物回收及信用敞口类回收），在扣除约500万元的预计处置费用后（主要为预估律师费及拍卖费），得出本项目净回收金额约为2.25亿元。

（2）回收时间分析。对于回收时间的判断，分为基础回收时间及特殊情况附加处置时间两部分。

通过处置抵质押物的形式实现债权回收通常要经历诉讼、判决、执行、评估及拍卖。因此，不良债权的基础回收时间主要与债权司法诉讼进展相关。基于不同地区的司法处置流程及处置经验，对于不同诉讼进展的债权，给予相应的预计回收时间（表4仅作列示举例。实际模型中该系数会因资产区域、司法环境等因素差异而不同）。

表 4　　　　　　　不同司法诉讼进展常用预计回收时间

基本回收时间	预计回收时间（个月）
未诉	36
已诉，未判	24
已诉，已判，未执行	16
已诉，已判，执行中	12
已诉，已判，执行中，已评估，未拍卖	8
已诉，已判，执行中，已评估，已拍卖	4

资料来源：课题组根据调研数据整理

另外，在实际处置过程中，通常会遇到抵押物非首封、存在拖欠工程款、债务人涉及刑事诉讼、抵押物存在租赁等问题。以上问题均会在不同程度上延缓不良债权的处置时间，如标的债权存在上述问题，将在基础处置时间上增加回收时间。

（五）资产包处置策略

该资产包中95%的债权已判决确权并进入执行阶段，有部分债权已经进入评估拍卖阶段。包内不良债权的抵押担保情况良好，虽少数抵押物存在瑕疵，但整体价值较高。鼎一投资收购后，由于债权本金中70%比例的不良债权为保证类担保，在整包处置策略上会尽快推进司法程序，并向法院寻求协助，挖掘保证人财产线索。同时，对于包内重点债权及抵押物资产会加大招商营销力度，寻找合适的买家，尽快完成交易变现。

（六）资产包财务数据

最终，鼎一投资通过进行主动的投后管理，积极推动司法程序，通过抵押物拍卖、债务和解、协议转让等方式，投资后2年不到的时间该项目实现了完全退出,实现项目净 IRR 达到 28.16%,净回报倍数达到 1.39 倍(见表 5 和图 5)。

表 5　　2016 年第二季度上海 XX 包项目投资、退出概况

项目投资、退出收益概况	
投资金额	1.61 亿元
投资时间	2016 年 6 月
退出时间	2018 年 5 月
项目完全退出 IRR	28.16%
项目完全退出回报倍数	1.39

资料来源:课题组根据调研数据整理。

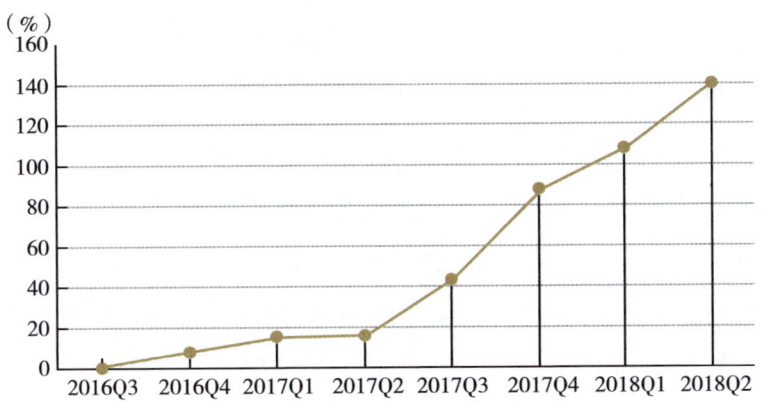

图 5　　2016 年第三季度至 2018 年第二季度上海 XX 包现金流回收曲线图

资料来源:课题组根据调研数据整理。

二、国内困境债权资产包案例二

(一)项目资产简介

2017 年第二季度福建 XX 包为中国某资产管理股份有限公司福建省分公司的受让自福建省某银行的债权资产包,不良资产的贷款

发放时间集中在 2013~2015 年。

该资产包共有 13 户债务人，本金约为 3 亿元，利息约为 1 377 万元；包内贷款担保方式有抵押和保证，13 户债务中，12 户有抵押物，本金占比 80%，抵押率 53.58%。债权转让项目标的资产主要分布在福建省福州市、厦门市、泉州市、宁德市、三明市、南平市 6 个地区。

湖岸投资于 2017 年 6 月以 7 000 万元价格购买了该资产包，在 2.5 年内，总净收款额已超过投资组合投资成本的 119%，该资产包计划于 2020 年内退出。

（二）资产包尽调概述

对资产包法律档案初步查册、阅卷之后，湖岸投资团队进行了现场尽职调查。

湖岸投资委托福建当地某律师事务所的律师与湖岸投资风控团队、投资团队的员工一同进现场尽职调查。尽调时，团队选取了资产包中的 12 户（占该资产包总户数的 92%）资产进行详细的现场勘察、走访，被抽样的债权涵盖该资产包所有有抵押担保的债权，其金额占整包本金的 80%，占整包定价的 98%。

律师事务所出具具有参考性质的法律意见书；投资团队尽调人与风控团队尽调人分别对资产价值形成独立判断；最终，投资人员根据现场尽调的结果整理投资备忘录、估值模型，风控人员依据内部风控原则对投资备忘录估值模型进行评估和调整。

（三）资产包估值方式

1. 抵押物部分的估值。经过现场尽调后，湖岸投资对资产包的抵押物进行了较为保守的估值：厂房类的资产参考重置成本评估，泉州属于经济发达地区，厂房保守值为 300~500 元/平方米，其他地区按 200～300 元/平方米估值；工业用地类的资产参考基准地价评估，保守值为基准地价的 50%～100%；住宅类的资产参考同位置或相似位置的司法拍卖价格评估，保守值为成交价的 70%～80%；商业用地的资产参考基准地价评估，保守值为基准地价的 50%～80%；商铺类的资产参考同位置或相似位置的司法拍卖价格评估，保守值为成交价的 40%～70% 并参考一定比例的住宅成交价。

结合上述估值原则，综合考量了物业价值、变现因素、市场环境、现时市场购买力等因素，选用较为保守的参照物价格进行参考后，湖岸投资得出该资产包抵押资产部分的最终估值（见图 6）。

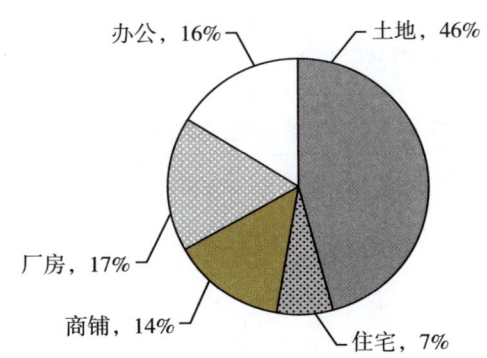

图 6　2017 年第二季度福建 XX 包各抵押物价值占比

资料来源：课题组根据调研整理

2. 保证部分的估值。该资产包内 13 个债权全部已取得判决，并且 7 户进入执行，银行的诉讼保全工作做得非常扎实，大部分债权都是查封物，所以对于保证部分，保守值为敞口部分的 4%。

该资产包抵押率较高，全部都有抵押、质押或保证担保。关于保证部分，此资产包内多数债权的保证人包括自然人或企业法定代表人，均为连带责任担保。

结合以上的估值原则，湖岸投资得出该资产包保证部分的最终估值。

(四)资产包处置策略

1. 积极推动司法执行程序。该资产包的绝大部分资产已进入执行阶段。快速推动执行程序,通过司法手段给债务人、抵押人施压促进和解或者实现抵押物拍卖,可以实现快速变现。

2. 积极联系当地买家处置资产。该资产包在原资产管理公司已处置一年多,在当地已有积累部分意向买家。服务商与原资产管理公司关系较密切、处置经验较丰富,处置时积极利用原债权人银行所积累的买家和资源。

(五)资产包财务数据(见表6)

表6　　2017年第二季度福建XX包财务数据

截至2020年3月31日的财务数据(数据未经审计,不含杠杆)		
投资成本	投资成本	7 000万元
	OPB%[1]	23%
预计回报 (不含杠杆/税后)	预计回报倍数	1.3x
	预计IRR	25.1%
	剩余资产预计退出的时间	0.5年
回收情况	总回收	处置毛收入为9 364万元 处置净收入8 983万元 已签约但未收分期款为42万元
	回报倍数 (退出金额/投资成本)	1.3x
	处置资产总额[2](%,OPB)	95%
估值	剩余资产估值	2 000万元

注:(1)OPB=投资成本/资产包剩余本金×100%
　　(2)已处置的债权的OPB之和/资产包所有债权的OPB之和
资料来源:课题组根据调研整理

三、国内困境实物资产案例一

（一）案例背景与标的资产简介

通过收购金融机构所持有的与困境实物资产相关的不良债权，从而具备主动优势获取困境实物资产，并享有退出时的资本增值，是鼎一投资实物资产重组板块的重要策略。高姿大厦原为某 AMC 公司所持有的不良债权的抵押物，鼎一投资依托自身在困境资产投资领域的综合优势，收购该优质资产所对应的不良债权，从早期的债权端介入，拥有低价获取优质资产的特殊机遇，并最终通过司法程序转为取得物权，从而更充分地享有困境资产全链条的投资收益。

（二）标的资产交易双方背景/或投资方简介

高姿大厦是某资产包中两户债权所对应的抵押物，该资产包原贷款银行为某股份制商业银行，后转让至某资产管理公司。2016 年鼎一投资就该资产包积极与该资产管理公司进行项目跟进及前期充分沟通。2017 年 10 月中旬鼎一投资成功竞取该资产包，获取标的债权资产包。获取债权后，鼎一投资积极推进包内各笔不良债权的司法处置进程。2019 年 8 月，高姿大厦进行司法拍卖，鼎一投资通过参与司法拍卖成功获取高姿大厦物权。

高姿大厦的交易方案为典型的通过债权资产组包收购、优选单户债权、推进司法进程以物抵债获取完整产权的优质实物资产的困境资产重组投资新模式。在获取物业资产后，鼎一投资进一步通过租约重组实现了期间租金提升，进行简单的改造提升物业价值，最后通过该资产整体出售给某知名不动产基金实现完全退出，并获得

了优异的投资回报。

（三）尽调与交易方案

项目尽调分为债权尽调及物业尽调两个方面。

1. 在债权投资前鼎一投资对标的债权进行了充分的尽职调查工作，具体工作如下：

（1）信贷员及项目经理访谈：项目组完成与作为资产转让方的某资产管理公司的资产经理、原代理律师等人员的访谈，访谈内容包括标的不良债权的借贷情况、法律状况、抵押物状况等。

（2）档案阅卷：项目组委托当地某律师事务所对标的债权出具了法律意见书。

2. 物业尽调方面主要包括如下工作：

（1）房产查册：项目组前往房产管理部门高姿大厦的房产档案，并打印复核了房产基本档案，包括建成年份、抵押、查封情况；并调取了上手交易价格以便计算税费。

（2）房产评估：项目组委托了具有房地产估价一级资质的评估公司对高姿大厦出具了评估报告。

（3）现场勘查：项目组对高姿大厦进行了现场勘查访谈，了解项目周边业态分布，核实高姿大厦的租赁占用情况，确定接手物权后的改造提升方向。

（四）运营重整方案

在取得高姿大厦项目的债权后，鼎一投资在司法程序方面两手并行，以推动项目实现更好的投资收益。一方面，通过向债务人和担保人追索，实现债权部分受偿；另一方面，依靠司法执行程序，获得了稳定的租金回报。另外，鼎一投资和律所、税务事务所等合作，调取该物业相关图纸、交易等相关资料，对该物业后续改造方案细节进行进一步详细评估。

在成功取得高姿大厦物权后，鼎一投资从租约重组、运营提升及交易创新三个方面对高姿大厦进行运营重整。

租约重组层面，项目团队将1~3层的租户谈判清租，4~11层仍出租给汉庭酒店收取期间的租金，通过对原有底商租约重整，使得大厦兼具整体出售或整体招租运营的客观条件。

运营提升层面，鼎一投资物业运营团队基于过往物业类资产运营经验，与承租方商定物业装修改造方案，大幅提升坪效，资产价值得到显著改善。

交易创新层面，不同于以往债权资产包收购后通过司法拍卖处置抵押物退出，鼎一投资通过债权资产包收购后优选单户债权，通过司法途径以物抵债获取物业资产，进而对物业资产进行运营提升，使得资产进一步增值，最终通过多种渠道的营销推介，将高姿大厦以股权交易方式整售给鼎一自主储备的下游客户——某外资不动产基金，获取了可观的投资回报。创新的交易模式打通了债权、物权与股权的全链条，使得通过债权端介入折价收购的物业资产通过后续的租约重组、清租和解及资产营销等方式实现资产增值的收益最大化。此外，本次交易在疫情期间完成了交易相关的尽职调查等工作，也充分印证了疫情期间核心地区核心资产的价格和流动性的稳定表现。

（五）项目退出概况

鼎一投资2017年10月获取高姿大厦对应的不良债权，不良债权的获取成本为1.2亿元。通过以物抵债、运营改造后，该资产最终于2020年8月实现物业的出售退出，项目实现的回报倍数为1.65倍，IRR为19.6%。

四、国内困境实物资产案例二

（一）案例背景与标的资产简介

该项目标的资产为京东司法拍卖上的两处物业：北京市海淀区中关村南大街17号3号楼北配楼（韦伯时代中心C座北配楼）-1层、1层、2层、3层、4层、5层、6层，以及北京市海淀区中关村南大街17号3号楼B01、B02、B03、B04、B05、B06房产（韦伯时代中心C座地下商业）。北配楼房屋性质为商办楼，钢混结构，建筑面积4995.88平方米；地下商业建筑面积1 700.39平方米。

标的资产位于中关村南大街区域，周边坐落有国家图书馆、中国人民大学、中央民族大学、北京理工大学、农业科学院等多所重量级文化教育单位，文化、教育、高精科研氛围浓郁，得天独厚的产业和区位优势为韦伯时代中心沉淀了极强的办公集能优势。

该标的资产原为某金融机构逾期贷款的抵押物，在长期跟进该项目的过程中，鼎一投资的项目团队对该标的资产周边的市场进行了充分调研，发现该项目有较大的提升改造价值，主要有以下几方面原因：

一是韦伯时代中心C座产权分散、租户业态复杂，其租金水平一直是周边区域的洼地，仅为一路之隔的北京国际中心租金的一半，租金有较高的提升空间。

二是该项目所在的中关村南大街沿线各写字楼的出租率基本在95%以上，需求十分旺盛，如若能打造出高品质的产品，出租率有较强的保障。

三是虽然该项目为韦伯时代中心C座的配楼，但项目内部与C座并不相通，机电设备等相对独立，是中关村区域较为稀缺的独栋办公楼,未来增值潜力大,市场流动性好,项目未来整体出售难度较小。

基于此,鼎一投资团队坚定了成功操盘此项目的信心。2019年4月9日,其依托自身在困境资产收购领域的综合优势,克服重重阻碍,参与该资产的司法拍卖流程最终成功获取该资产,最终拍卖成交价格为1.8117亿元。

(二)尽调方案

在法拍项目中,法院作为卖家进行拍卖,买家基本无法联系到房产业主。大多数法拍项目都存在基础资料不足的问题,韦伯项目也不例外。鼎一团队针对该项目的尽调主要分为以下几个方面:

1. 项目资料获取。该部分信息通过法拍公告以及现场看样期间的工程尽调等渠道获取,内容主要包括:

(1)产证信息,包括土地证、房产证等;(2)项目相关图纸;(3)项目历史沿革、项目现状、建筑面积、技术指标、租赁情况、查封抵押情况等介绍;(4)项目第三方评估报告。

2. 产权状况调查。该部分信息通过法拍公告以及债权人等渠道获取,内容主要包括:

(1)土地位置、权属、产权性质、土地剩余年限等;(2)土地和物业的税收状况,在何处缴纳税费,是否有落税要求等;(3)与目标物业有关的重要合同(如租赁合同、物业合同、水电费合同等),评估是否存在租赁以及欠缴物业费、水电费等情况。

3. 物业建筑和工程状态评估。该部分信息通过现场看样期间的工程尽调获取,内容主要包括:

(1)物业主体建筑结构状况(屋顶、外墙等主体结构),评估是否存在违建、改建等;(2)物业内部机械和工程设施状况(如电量配给、电梯、上下水系统、通风系统、冷却和供暖系统）；（3）物业消防验收是否符合要求，是否存续有效，改造后如何保证消防验收顺利。

4. 目标物业资产估值和市场前景调查。该部分信息通过实地走访、线上调研等渠道获取，内容主要包括：

（1）目标物业周边可比物业尽调访谈，了解可比物业租金、出售、客户群体、项目位置等详细情况；（2）物业所在地经济发展水平、发展规划、房地产市场供需、地方购买力、消费者喜好、价格变动趋势等情况；（3）项目的位置、周边自然和人文环境、交通状况、配套设施等，分析主要竞争对手及项目竞争力，分析项目市场定位及目标客户群体等。

（三）运营重整方案

鼎一投资在2019年4月获取该资产后，在1个月内办理完成了所有清税、过户手续，同时启动北配楼的施工设计程序，历经半年多，于2019年12月完成竣工验收。通过再次设计施工，北配楼主要有以下几点变化：

一是该项目原建筑立面线条单调，出入口较浅，缺乏纵深和空间感。且由于长期缺乏维护保养，看上去已显残破。改造后的外立面以时尚的黑色金属钢板与石材结合，加上台阶、坡道、绿化、路缘石等布局，使得建筑整体的科技感、立体感、线条美得到淋漓尽致的展现（见图7）。

二是内部空间改造的最大亮点是规划了下沉楼梯，打通了地上一层与地下空间，解决了地下一层的采光问题，完美激活了地下的功能性。B1层涵盖了洽谈区、会议室、咖啡区以及休息区，可为全楼提供配套服务（见图8和图9）。

附录二　国内外困境资产投资典型案例综述

外立面改造前

外立面改造后

图 7　韦伯时代中心外立面改造前后对比

资料来源：课题组根据调研资料整理

门厅改造前

门厅改造后

图 8　韦伯时代中心门厅改造前后对比

资料来源：课题组根据调研资料整理

电梯厅改造前

电梯厅改造后

图 9　韦伯时代中心电梯厅改造前后对比

资料来源：课题组根据调研资料整理

三是 2~5 层的办公区域通过灵活的面积组合，既可满足 100 人左右的开敞式办公需求，也可满足 5~20 人小团队的私密办公需要。利用仿真造景使每一间办公室都可以享受充足的采光，提高物业的使用效率（见图 10）。

图 10　韦伯时代中心改造后内部实景

资料来源：课题组根据调研资料整理

经过外立面改造升级、内部空间及结构调整，智能办公系统和智慧楼宇系统的引进，韦伯时代项目真正完成了脱胎换骨的转变。

地下商业部分，鼎一团队对其进行了租约重整，并引入新的经营业态，重整后租金相比原租金上涨 30% 左右，并目前已经实现 100% 出租率。

（四）项目退出概况

凭借区位优势以及产品优势，韦伯时代项目成功实现了 2 倍于韦伯时代中心 C 座主楼的租金溢价。项目毛租金回报率预计将超过 8%，净租金回报率将超过 6%。目前，项目处于出售招商的过程中，已经收到多家意向投资或自用客户的收购报价。

五、国内困境股权重组案例一

(一) 案例背景与标的资产简介

泸天化股份作为一家典型的化工类上市公司,受困于行业产能过剩、产品价格大幅度下跌等因素,业绩大幅下滑,以致最终处于退市边缘。公司通过实施破产重整,引入相关重整方,实现了公司资产负债率从122.94%大幅度下降到32.74%,负担明显减轻,最终驶入正途。公司于2018年和2019年分别实现净利润3.52亿元和2.83亿元,原有债权人得以置换为股权,防止了投资金额的大幅损失。以2020年7月5日二级市场股价计算,参与重整的投资人也以较低的成本实现了较好的投资回报。

本次重整的特点:一是泸天化股份的各债权人都以正常贷款的方式参与债转股,在账面上实现了100%的金融债权清偿;二是泸天化股份通过大股东豁免上市公司债务形成资本公积,以此作为新的转增股票的一部分来源;三是银企双方经多轮协商最终确定将泸天化集团五个主体纳入破产重整架构体系。

本次重整成功的原因包括三个方面:政府相关部门的大力支持;相关的服务机构专业化的服务能力,创新性提出了切合公司实际的重整方案;有效的沟通机制是促进破产重整工作的有效手段。

(二) 重整结果

泸天化股份有限公司作为上市公司,是国内规模较大的化肥和化工生产企业。2013年以来,受行业产能过剩、能源价格下跌及国际低成本尿素投放等因素影响,泸天化集团经营业绩陷入持续亏损,财务状况及盈利能力持续恶化。截至2016年12月31日,泸天化集团已亏损近 30 亿元，其下属多家主体面临资不抵债的局面。后公司因 2016 年年度报告显示公司期末净资产为负值，公司股票被实行退市风险警示并被冠以"＊ST"，经重组失败后，于 2017 年 6 月被债权人泸州天浩塑料制品有限公司申请破产重整。公司在进入破产重整程序后，积极与公司债权人、控股股东、重组方等利益相关主体协调谈判。最终，原有金融债权人同意股票的抵债价格为 8.89 元/股，后成功于 2018 年 9 月引入重整投资人——泸天化集团、江苏富邦和天毛公司，以 164 500 万元共受让 47 000 万股转增股票，折合每股人民币 3.5 元，并自股权登记过户之日起锁定 3 年时间。截至 2020 年 7 月 5 日，泸天化收盘价 4.19 元，年化收益率达 9.4%。

（三）重整背景

泸天化股份有限公司为泸天化集团下属企业，公司于 1999 年 6 月 3 日在深交所挂牌上市，证券代码为"000912"，证券简称为"泸天化"，初始总股本为 4.50 亿股。公司注册地址为四川省泸州市纳溪区，注册资本为 5.85 亿元。其独家发起人为泸天化集团，其前身为始建于 1959 年的四川省泸州天然气化工厂。公司现所处行业为化工行业，主要生产、销售各类化肥、化工产品。经营范围为许可经营项目：生产氨、氢、二氧化碳、甲醇、硝酸、四氧化二氮、氧、氮、硝酸铵、氨溶液［10%＜含氨≤35%］（以上项目及期限以许可证为准）；一般经营项目（以下范围不含前置许可项目，后置许可项目凭许可证或审批文件经营）：肥料制造；合成纤维单（聚合）体制造；空气污染治理材料制造；金属加工机械制造；通用零部件制造；金属制品、机械和设备修理业；进出口业；科技推广和应用服务业、仓储服务业。

泸天化股份之发起人泸天化集团是中国第一个成套引进西方技术生产尿素的大型化肥生产基地，也曾是中国最大的合成氨、尿素、油脂化工系列产品的生产企业之一。截至 2018 年 1 月 15 日收市，泸天化股份总股本为 5.85 亿股，公司全体登记在册的股东人数共计 60 251 户；公司控股股东为泸天化集团，持有上市公司股票 20 310 万股（均为无限售流通股），占总股本 34.72%；公司第二大股东为工投集团，持有上市公司股票 11 500 万股（均为无限售流通股），占总股本 19.66%。公司实际控制人为泸州市国资委。

（四）重整价值

泸天化股份是我国最早成套引进国际先进技术，以天然气为原料的大型化肥企业，被誉为"现在尿素工业的摇篮"。公司是老牌国有企业，为新中国农业发展做出过杰出贡献。公司拥有超过 40 家企业主体，员工超过 1 万名，对地方经济及社会稳定有重大影响。

公司股份具有年产 105 万吨合成氨、150 万吨尿素、70 万吨甲醇、10 万吨二甲醚、10 万吨浓硝酸、13 万吨稀硝酸、13.5 万吨硝铵和 55 万吨复合肥等 400 余万吨的综合生产能力，以上产品有其自身的运行周期。

公司获得四川省诚信守法示范企业、四川省高新技术企业、四川省著名商标、放心消费承诺企业、四川省节水型企业等多项荣誉称号，在产品研发技术方面拥有一定的优势。

（五）重整流程

1. 债务重整。

股份公司债务。截至 2018 年 6 月 11 日，泸天化股份共计有 137 家债权人申报债权，债权金额共计 3 530 585 162.73 元，债权性质均为普通债权，其中经确认和初步确认的债权共计 2 600 198 474.54 元。另外，经管理人调查，泸天化股份的职工债权总额约为 65 666 229.62 元，涉及职工 1 552 名，同时泸天化还有预计负债 585 536 746.3 元

(见表7)。

表7　　　沪天化股份债务情况（截至 2018 年 6 月 11 日）

项目	金额（元）
职工债权	65 666 229.62
普通债权	2 967 976 067.52
其中：已裁定确认的普通债权	2 492 004 597.70
初步审查确定的普通债权	108 193 876.84
暂缓确定的普通债权（计入预计债权中）	367 777 592.98
未申报债权（计入预计债权中）	217 759 153.33
合　　计	3 251 401 450.47

资料来源：课题组根据调研资料整理。

各类债权计划处置如下：

①职工债权：职工债权不作调整，将由沪天化股份在本重整计划获得法院裁定批准之日起 6 个月内依法以现金方式全额清偿。

金融类普通债权：每家金融类普通债权人每 100 元普通债权分得约 11.24859393 股上市公司股票（若股数出现小数位，则去掉拟分配股票数小数点右侧的数字后，在个位数上加"1"），股票的抵债价格为 8.89 元/股，该部分债权的清偿比例为 100%。

②非金融类普通债权：二选一。

选择一：每家非金融类普通债权人每 100 元普通债权分得约 11.24859393 股上市公司股票（若股数出现小数位，则去掉拟分配股票数小数点右侧的数字后，在个位数上加"1"），股票的抵债价格为 8.89 元/股，该部分债权的清偿比例为 100%。

选择二：在本重整计划获得法院裁定批准之日起 6 个月内，由沪天化股份以现金方式一次性清偿该部分债权的 60%，剩余未获清偿部分依法豁免，泸天化股份不再承担清偿责任。

③泸天化集团的普通债权：承诺将其对泸天化股份的 4 亿元债权转为对上市公司的资本性投入由全体股东享有，并不再向上市公司进行追偿，上市公司也无需向泸天化集团清偿，此 4 亿元债权豁免对上市公司形成新的资本公积金。

④预计债权：申报但未确认的债权——预留；尚未申报的债权——不得行使，执行完毕后按照同类债权清偿；对外担保形成的债权——先向主债务人全额追索，后按照同类债权受偿。

⑤子公司（和宁公司）债务。

为支持和宁公司重整并有效化解债务危机，泸天化股份为其提供不超过 21 927 万股用于向和宁公债权人分配以清偿债务，以使和宁公司经营性资产得到保留，有效化解债务风险并全面恢复其盈利能力。

为保障未来和宁公司重整计划能够得到有效实施，在和宁公司重整计划经法院裁定批准生效之后，上市公司为和宁公司以现金方式分期清偿的债务追加提供连带责任保证担保。

2. 资产重整。在重整计划执行阶段，泸天化股份现有资产中的部分低效、闲置的固定资产将进行剥离并进行公开处置变现，处置变现所筹集的资金将用于支付破产费用、清偿债务。

3. 股权重整。以泸天化股份现有总股本为基数，按每 10 股转增 16.803419 股的比例实施资本公积金转增股票，共计转增约 98 300 万股股票。转增后，泸天化股份总股本将由 58 500 万股增至 156 800 万股，前述转增股票不向股东分配，其中：约 27 473 万股将分配给泸天化股份的债权人用于清偿债务，不超过 21 927 万股将提供给和宁公司用于向和宁公债权人分配以清偿债务，47 000 万股由重组方有条件受让，1 900 万股公开处置变现后用于改善公司持续经营能力等。

4. 人员重整。维持上市公司正常运转，不大面积涉及人员安置。

5. 运营提升。

（1）结合管理体制改革，调整完善相应的内部运作机制、用人机制、绩效评价和考核分配机制，优化组织机构和岗位设置，充分激发企业活力，调动职工积极性，提升企业运营管理水平，促进管理效率和运营质量的提升。

（2）上市公司将在本重整计划获得法院裁定批准之后积极论证并研究实施可行的股权激励计划。如转增股票在清偿相关债务之后仍有剩余，将预留部分股票用于支持实施股权激励计划。

（3）做大做强现有主业，寻找新的业务增长点。降低、淘汰部分尿素产能，适时增加新型复合肥产能、新型尿素销售量。积极稳妥地寻求发展其他与主业关联度高、周期波动小、资金需求低、现金流转快、盈利预期好的相关业务，寻求新的业务增长点。进一步调整优化经营业务结构，减小化肥、化工行业周期波动对公司经营业绩带来的影响。

（4）完善上市公司治理结构，引入市场化管理机制。金融机构将从债权人转变为股权持有者，积极参与上市公司治理，提名推荐专业人士担任上市公司的董事（含独立董事）或监事，充分发挥专业人士的优势，进一步增强上市公司决策的科学性，进一步完善上市公司的市场化机制建设。

（六）重整结果及退出路径

通过重整，泸天化实现了财务大幅改善。同时，利用上市公司二级市场天然退出通道，原债权人以及参与重整机构未来可通过二级市场减持实现退出。原有各债权人成为公司股东，共同参与公司经营（见表8~表10）。

表 8　　　　　　　　　泸天化重整后财务情况

项目	2016 年	2017 年	2018 年	2019 年
收入（亿元）	30.60	37.30	44.10	55.10
化肥行业占比（%）	65.81	48.43	47.00	43.90
化工行业占比（%）	31.57	49.62	47.81	31.94
其他（%）	2.62	1.95	5.19	24.16
净利润（亿元）	-6.37	-14.90	3.52	2.83
毛利率（%）	2.06	11.54	21.75	12.60
流动比率（倍）	0.27	0.22	1.80	2.81
资产负债率（%）	98.49	122.94	32.74	25.63

资料来源：四源合基金、泸天化年报；课题组根据调研资料整理

表 9　　　　　　　　　泸天化重整前前十大股东

重整前前十大股东名称	持股比例（%）	持股数量（股）
泸天化（集团）有限责任公司	34.72	203 100 000
泸州市工业投资集团有限公司	19.66	115 000 000
沈某某	0.76	4 448 900
姚某某	0.73	4 291 301
岳某某	0.46	2 664 952
张某某	0.42	2 477 201
沈某某	0.37	2 178 300
北京浩成投资管理有限公司	0.34	2 000 000
沈某某	0.33	1 914 900
苟某	0.32	1 880 000

资料来源：泸天化年报

表 10　　　　　　　　　泸天化重整后前十大股东

重整后前十大股东名称	持股比例（%）	持股数量（股）
泸天化（集团）有限责任公司	18.24	286 000 000
中国银行股份有限公司泸州分行	9.69	151 880 427

续表

重整后前十大股东名称	持股比例（%）	持股数量（股）
泸州市工业投资集团有限公司	7.34	115 064 610
中国农业银行股份有限公司四川省分行	6.60	103 469 397
四川泸天化股份有限公司破产企业财产处置专用账户	6.12	95 921 755
中国农业银行股份有限公司宁夏回族自治区分行	3.94	61 771 398
中国工商银行股份有限公司泸州分行	3.66	57 437 792
中国银行股份有限公司成都锦江支行	3.66	57 335 700
兴业银行股份有限公司重庆分行	3.36	52 758 377
中国银行股份有限公司宁夏回族自治区分行	3.10	48 591 214

资料来源：泸天化年报

六、国内困境股权重组案例二

（一）案例背景简介

上海超日太阳能科技股份有限公司（简称"超日太阳"）是一家主要生产各种型号、规格的单晶硅、多晶硅太阳能组件和太阳能灯具的新能源企业，成立于2003年6月，由6位自然人共同出资组建。2010年11月18日，超日太阳股票在深圳证券交易所中小企业挂牌上市。公司的产品体系完整，涵盖硅料、单晶拉棒、多晶铸锭、切片、单晶硅、多晶硅电池片和单晶硅、多晶硅太阳能电池组件等，其晶体硅太阳能电池生产技术处于行业内领先地位。

2011年，欧美等国对我国光伏产品开始"双反"调查，且欧债危机进一步加剧，以出口为主的光伏行业受到重创，光伏行业发展进入寒冬。与此同时，各大光伏企业为了以更大的规模优势占据市场,纷纷扩大产能,而光伏市场的增长速度远不能跟上产能扩张的步伐,光伏行业产能严重过剩,行业承受价格和整合压力。超日太阳生产的太阳能产品主要销往国外,受光伏行业整体低迷的影响,超日太阳的生产经营管理陷于停滞,无力偿付供应商货款,银行账户和主要资产处于被冻结、抵押或查封状态,整体业绩持续亏损。2011年至2013年,公司净利润分别亏损0.55亿元、12.45亿元和49.32亿元。

2014年5月,超日太阳因连续三年亏损,公司股票自2014年5月28日起暂停上市。超日太阳若要恢复上市,必须在2014年扭亏为盈,但受制于财务负担严重以及光伏行业产能过剩等因素影响,公司很难在短期内通过主营业务的经营恢复持续盈利能力。

2012年3月,超日太阳发行了存续期限为5年的"11超日债",发行规模为10亿元,票面利率为8.98%,居于较高水平。在"11超日债"的投资者中,个人投资者占比高达70%。2014年3月4日,超日太阳发布公告称,"11超日债"利息难以全额兑付,成为我国债券市场上首个公司债违约案例,意味着隐性刚性兑付的正式结束,由此开启了我国债券市场实质性违约的序幕(见图11)。

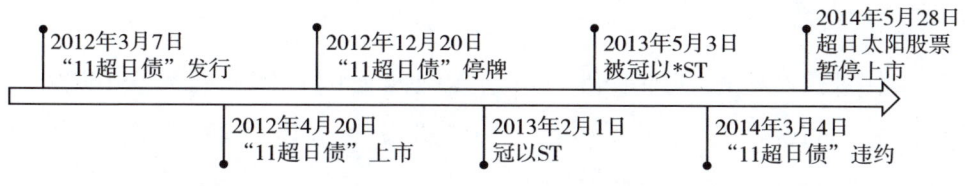

图11 超日重整前时间表

资料来源:课题组根据公开资料整理

(二)重整难点

1. 个人投资者偿付及员工安置问题带来的社会影响。"11超日债"拥有6 000多名个人投资者,其中不乏用养老金进行投资的退休老人。一旦债权人权益得不到保障,将严重损害债民权益,造成较为恶劣的社会影响。并且,超日太阳公司旗下有1 000多名员工,员工安置问题同样需要引起重视。

2. 超日太阳严重资不抵债。超日太阳已经严重资不抵债,生产经营和财务状况均已陷入困境。以2014年6月26日为基准日,超日太阳全部资产评估价值为47 612.27万元,却存在2.5亿元的优先受偿债权和57.2亿元的普通债权。面对近60亿元的巨额债务,如果超日太阳破产清算,现有财产将无法满足各类债务的清偿,普通债权受偿率仅有3.95%。

3. 超日太阳自身业务造血能力弱。超日太阳已是巨额亏损,处于半停工状态,受制于财务负担沉重以及光伏产业整体处于低谷时期等因素的影响,已经很难在短期内通过主营业务的经营恢复持续盈利能力。若*ST超日的2014年净利润仍然为负,将面临退市。一旦退市,丧失壳资源的超日太阳的重组可能将变得微乎其微。短期内如何通过快速转型获得盈利能力,如何给企业注入活力,也是一个亟待解决的难题。

(三) 重整过程

中国长城资产管理股份公司是我国四大国有资产管理公司之一,拥有丰富的资产管理处置经验。2013年,长城资产处理多家金融机构不良债权时发现,这些不良债权均与超日太阳有关,于是对超日太阳密切关注。超日债危机爆发后,中国长城资产迅速牵头组建了包括北京市金杜律师事务所、立信会计师事务所、中信建投证券等在内的专业团队,力图解决超日危机。

面对*ST超日危机解决方面的诸多难点,长城资产专业的资产处置能力发挥了重要作用,最终选定了"破产重整+资产重组"的方案组合：首先通过破产重整一次性解决债务问题；再通过引入重组方和财务投资者，帮助其恢复正常生产经营，缓解退市危机；最后向上市公司注入优质资产，实现可持续盈利。

2014年4月3日，在长城资产的安排下，超日太阳的供货商上海毅华金属材料有限公司以超日太阳不能清偿到期债务，且资产不足以清偿全部债务、明显缺乏清偿能力为由，向法院申请对超日太阳进行重整。2014年6月26日，法院裁定受理了毅华公司对超日太阳提出的重整申请，超日太阳正式开始进行重整。

在重组过程中，长城资产利用市场化债转股减轻企业负担，联合财务投资者通过债转股方式获得公司股权。在寻找重组方上，中国长城将目光锁定在同行业的龙头企业上，并最终选定了协鑫集团，由协鑫集团旗下江苏协鑫能源有限公司介入重组。协鑫集团总部设在中国香港，是一家专业化能源集团公司，为全球最大的光伏材料制造商，与超日太阳互为上下游关系。2014年10月，长城资产携手江苏协鑫制订的重整方案向社会公布。

债权人大会召开前，为推进重整方案顺利通过，2014年9月30日，中国长城资产管理公司以及上海久阳投资管理中心向超日太阳致以保函，长城资产管理公司和久阳投资将合计在人民币8.8亿元额度范围内为"11超日债"提供连带责任保证（长城资产管理公司担保7.88亿元，上海久阳投资管理中心担保0.92亿元），即相当于对重整程序内每手"11超日债"未清偿的部分进行全额担保，以此争取普通债权组中"11超日债"债权人的支持。

2014年10月23日，债权人大会以69.89%的比例通过重整方案，顺利越过"三分之二债权同意"这一红线，其中长城资产所掌握的债权金额占全部同意票债权金额的42.98%，起到了关键性的作用。

2014年12月24日，上海一中院裁定超日公司破产重整计划执行完毕。上海超日公司的破产重整顺利结束（见图12）。

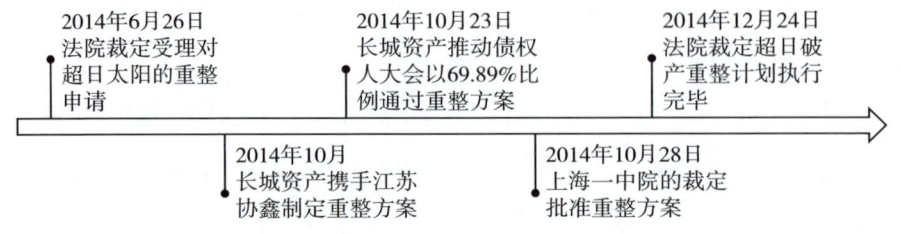

图 12　*ST 超日重整时间表

资料来源：课题组根据公开资料整理。

（四）重整方案

1. 整体债务重整。面对超日太阳的巨额债务，长城资产设计了分级兑付方案，将债务人债权分为有财产担保债权组、税款债权组、职工债权组和普通债权组，其债权情况与兑付方案具体如下：

（1）有财产担保债权组。有财产担保债权组包括 2 116 家债权人，可以从担保物评估价值部分优先受偿的债权金额合计 8 517.49 万元。有财产担保债权组获得全额清偿。

（2）职工债权组。职工债权组涉及职工债权约 3 900 万元，获得全额清偿。

（3）税款债权组。税款债权金额合计 5 373.56 万元，获得全额清偿。

（4）普通债权组。普通债权组包括 2 306 家债权人，普通债权金额合计 509 421.95 万元。普通债权的兑付方案为，每家普通债权人 20 万元（含）以下部分的债权全额受偿，超过 20 万元部分按照 20% 的比例受偿。

按照上述方案受偿后未获清偿的部分，超日太阳不再承担清偿责任（见图13）。

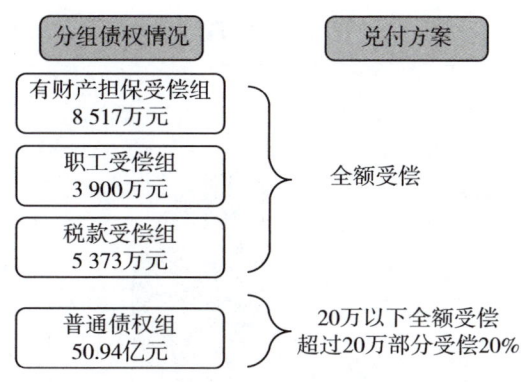

图 13　*ST 超日重整各债权组兑付方案

资料来源：课题组根据公开资料整理

在"11 超日债"的处理方面，原定计划为将"11 超日债"的少量担保财产部分全额受偿，即每手"11 超日债"债券（面值 1 000 元）优先受偿 3.06 元，剩余部分按照普通债权受偿。由于长城资产与久阳投资共同出具保函，"11 超日债"的本息最终得到了全额清偿。

2. 重整资金筹措。

（1）超日太阳以资本公积之股本溢价转增股本 16.8 亿股，该等股份由全体出资人无偿让渡，并由协鑫等 9 家投资人有条件受让，9 家投资人受让上述转增股份应支付 14.6 亿元。

截至 2014 年 6 月 30 日，超日太阳总股本为 843 520 000 股，股东共计 54 443 户。倪开禄为超日太阳的第一大股东和实际控制人，持有 315 278 848 股超日太阳股票，占总股本的 37.38%；倪娜为超日太阳的第二大股东，持有 54 952 704 股超日太阳股票，占总股本的 6.51%。倪开禄与倪娜为一致行动人，共计持 370 231 552 股超日太阳股票，占总股本的 43.89%。

股本转增后，原股东及其一致行动人的股权比例缩减至 15%，重整投资人的股权比例占据 66%。其中，江苏协鑫的持股比例为

21%，成为超日太阳第一大股东（见图14）。

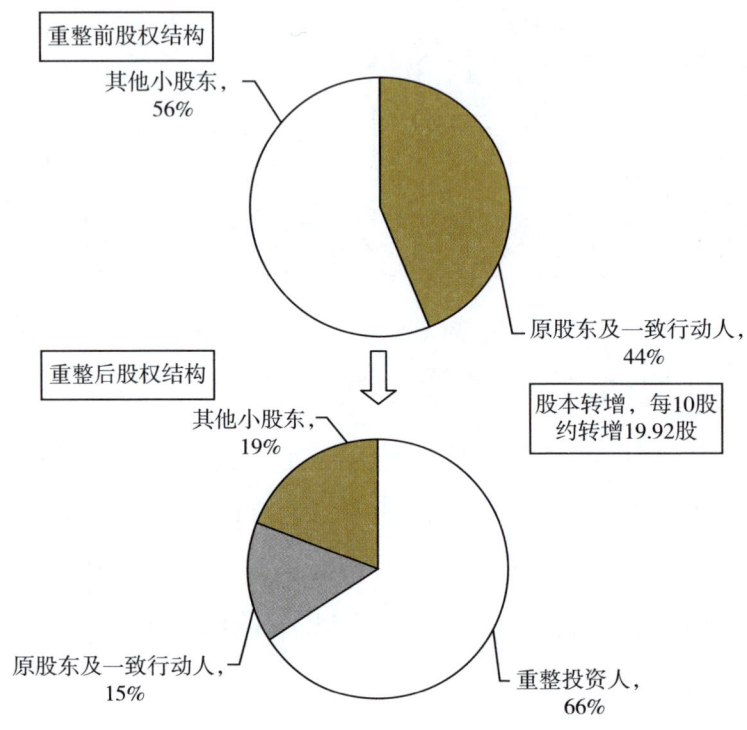

图 14 *ST 超日重整前后股权结构

资料来源：课题组根据公开资料整理

（2）超日太阳通过处置境内外资产和借款等方式筹集到的资金不低于5亿元。

上述合计不低于19.6亿元将用于支付重整费用、清偿债务、提存初步确认债权和预计债权以及作为超日太阳后续经营的流动资金。经测算，用于支付重整费用、清偿债务、提存初步确认债权和预计债权的资金约18亿元。

3. 运营提升。通过破产重整程序，光伏行业龙头企业协鑫集团下属的江苏协鑫成为公司的控股股东，长城资产管理公司等强大的财务投资者成为公司的重要股东。重整方协鑫集团作为光伏产业上

游多晶硅料业务规模最大的供应商,其产品在技术和成本控制方面处于全球领先地位,致力于从以下几方面提升超日太阳的运营能力:

(1) 剥离不良资产,改善资产结构。对超日太阳现有资产中已丧失盈利能力的低效资产进行剥离,改善公司资产结构和状况;同时,梳理和盘活超日太阳目前可用的资产和资源,对人财物进行合理配臵和有效利用,从而大幅提高超日太阳的资源利用效率。

(2) 提升管理水平,增强经营效率。依托江苏协鑫先进的经营理念以及优秀的管理团队,为超日太阳带来先进的管理经验和内部控制能力,进而提升整体的管理水平和经营效率。

(3) 导入先进材料和技术,提高产品竞争力。江苏协鑫将利用目前最新、最优的技术来配臵产能,灵活调整工艺流程,精准定位技术路线,将使得超日太阳在重整复产后能迅速降低成本,提高生产效率和产品竞争力。

(4) 加强生产成本控制,提升利润空间。

①通过设备外修及技改提升,降低自产生产成本,提升产能利用率摊薄成本。

②提升产品效率,在总成本相对固定的情况下,单位组件成本降低。

③依托稳定的组件需求,与组件制造商签订长期加工合同,取得优惠加工价格。

④依托与长期合作客户,通过战略合作,取得优惠加工价格。

(5) 调整产业结构,适时注入资产。分步实施资产注入方案,进一步增强和提高超日太阳的持续经营及盈利能力。

江苏协鑫承诺,重整后通过恢复生产经营、注入优质资产等各类方式,使超日太阳2015年、2016年实现的经审计的归属于母公司所有者的净利润分别不低于6亿元、8亿元。如果实际实现的净利润低于上述承诺净利润的,由江苏协鑫以现金方式就未达到利润预测的部分对超日太阳进行补偿。

(五) 重整结果

经过多方努力,2014年12月24日,*ST超日重整计划执行完毕,更名为"*ST集成"。

2014年下半年,*ST超日的主要资产均已被冻结,大部分生产线已经停产,开工率低。为了公司2014年的财务情况达到不被退市的要求,公司采取"自产+代工"模式,主要向协鑫集团旗下的保利协鑫能源采购硅料等原材料,委托外部工厂加工成电池组件,再向协鑫集团旗下的协鑫新能源销售。依靠与协鑫集团相关公司32.8亿元的关联交易,2014年12月31日,上海超日归属于母公司所有者的净资产为3.24亿元,扣除非经常性损益后归属于母公司所有者的净利润为1.46亿元,达成恢复上市的全部指标,公司实现扭亏为盈,解除了退市风险。

2015年8月12日,上海超日更名为"协鑫集成"恢复上市,当日股票价格从停牌前的1.91元涨至13.25元,涨幅接近10倍,显示了资本市场对此次转型的高度认可(见图15)。

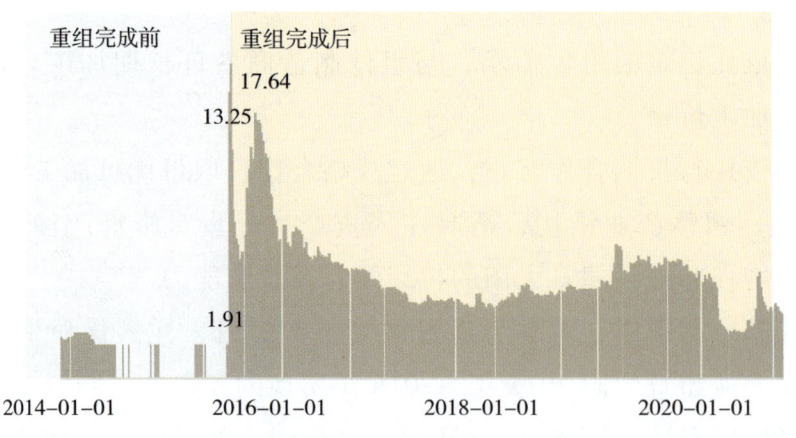

图15 *ST超日重组前后二级市场股价走势(元/股)

资料来源:课题组根据公开资料整理

此后，长城资产为上海超日公司注入协鑫集团旗下的高效能组件资产和运维资产，将其打造成轻资产、高技术、高附加值的系统集成服务商，最终成功解决危机。

*ST超日重组涉及中国首单违约债权"11超日债"的偿付处置，且是典型的AMC联合产业方盘活企业存量资产，行业整合提升产能，并最终在资本市场转股获取回报的方式。长城资产作为四大AMC之一，在本次重组中成功发挥了其专业优势，在收购债权、债务谈判等诸多方面起到了关键性的推动作用，从而促使重组方案圆满成功。

长城资产的重组方案实现了多方共赢：

（1）从债权人角度：化解"11超日债"的债务危机，超日太阳的债权人获得了相对较高的受偿率。

（2）从当地政府角度：该重整方案盘活了超日太阳的产能，使其在摆脱财务困境之后恢复正常运营，缓解了失业压力。

（3）从投资人角度：协鑫集团作为国内光伏龙头企业，以略高于1元/股价格获得A股"壳"资源与相应资产；协鑫集团等9家投资人也获得了股价提升回报。

（4）从中国长城角度：对于长城资产而言，这笔业务也受益颇丰。按照重组方案，长城资产旗下"嘉兴长元"拿到2.4亿股的筹码，也受益于复牌后股价的修复。

附录三
保险资金参与低效资产运营管理研究

第一节 低效资产定义和市场情况

一、低效资产定义

企业的低效资产，一般是指企业在生产运营活动中战略安排不足、盈利能力较差或者无法给企业带来价值的相关资产，例如缺乏控制力或亏损的股权投资、经营效率低下的下属企业、收益低或者闲置的实物资产，以及其他资产等。这些低效资产不仅不能为企业带来相应的收益，还占用了大量的管理资源，因此需要通过有效手段盘活或处置，提高企业的资产运营效率，保证企业的健康发展。

二、低效资产分类

（一）资金类低效资产

这类低效资产主要包括企业生产经营过程中形成的难以收回的应收账款（呆账、坏账），投资失误导致的在一定时期内无法回收本金且收益率低下的短期金融资产，以及由于企业在会计核算与内部控制过程中的失误所引致的实际资产少于账面资产造成的账面损失等。

(二) 实物类低效资产

这类低效资产除了少部分是由于企业资产盘查过程中的疏漏导致账实不符造成的资产损失外，其形成的原因主要是由于企业已经购置的固定资产在技术、产业的发展过程中，在生产效率、成本效益等方面已经无法满足企业盈利的要求，相较于购置新设备或生产新产品等企业方案，继续使用原有固定资产不仅无法改善企业的经营面貌，还可能给企业带来额外的经营风险与财务风险。实物类低效资产的形成除了企业力求发展导致的自我革新和淘汰之外，也有外部环境和经济周期变化所导致的资产被动淘汰。以火电厂为例，由于行业周期的变化和清洁能源的提倡，火电厂规模被要求逐年减小，生存和发展空间被压缩，发电规模的减少导致材料和设备上的沉积闲置，成为企业待处理的低效或无效资产。

(三) 投资形成的低效资产

企业在发展过程中（尤其是上升阶段和成熟阶段），在已有的经济发展基础上，可能会探索新的行业发展方向或尝试新的前进方向，存在探索期的投资失误或者决策错误导致的盲目投资问题。同样，对于一些处于衰退期的企业，则可能存在转型过程中的病急乱投医情况，或者在企业快速盈利时期，为了扩大生产规模或者完成绩效指标进行了过度的资本支出。随着企业的发展，这些重大投资事项的支出不仅未能给企业带来预期效益，反而为企业带来了沉重的债务负担。针对这类低效资产，企业往往被迫选择放弃，导致前期建设与投入成本石沉大海。此外，这类低效资产带来的现金流方

保险问道之困境资产投资

面的巨大压力会严重影响企业的正常经营，同时极易导致企业陷入财务困境。

三、低效资产投资现状

总体来说，低效资产投资在国内属于快速发展的阶段。目前，住宅、商业用房、工业用地及厂房等具备特定用途且受众广泛的资产交易已经非常活跃，但类似于机器设备、生产线、知识产权、特许经营权等低效资产，无论是估值定价体系还是投资者培育仍需进一步发展。然而有利的地方在于经过多年的发展规范，国内低效资产的交易场所相对固定，形成了以阿里拍卖、京东司法拍卖为主，各大地方产权交易所、细分领域专业门户为辅的交易场所体系，这大大提高了投资人发掘资产的效率，有利于开展投资。

第二节　低效资产法拍途径处置数据归纳和分析

由于低效资产的经营无法为企业带来现金流流入，或者其本身的运营、维护成本远远超出其所能带来的价值，多数企业倾向于通过直接划转、变卖、清算、破产重组等手段实现资产剥离或资产重组，处置过程中往往伴随着诉讼、拍卖等环节。鉴于法拍是低效资产处置的重要途径，课题组系统分析了2018年至2020年8月初阿里拍卖平台上总计146万条拍卖信息，对不同类别底层资产的成交情况及折价情况作了较为详尽的分析。具体如下：

从各类底层资产成交金额的占比来看，住宅用房、债权、商业用房以及工业用房的各类占比均在 10% 以上，合计占比接近八成。从成交量来看，住宅与商业用房的成交量要远远高于其他资产。成交率方面，住宅用房的成交率接近四成，略高于所有资产的平均水平；工业用房的成交率在三成左右，与平均水平齐平；而债权及商业用房的成交率均低于两成。从折价情况来看，所有资产的加权平均折价率为 84.84%（相较于评估价，成交价打 8.4 折）。在所有资产品种中，折价率最高的是矿权（折价率 128%），债权折价率最低，成交价格接近打 5.5 折（57.03%），考虑到债权资产评估价较之资产账面价值的大幅折价，债权资产实际出清的折扣率通常在两折以下。住宅、商业以及工业用地的折价率都在 75% 以上。可见，实物资产在拍卖品资产保值方面的表现要优于债权之类的金融资产（见图 1～图 3）。

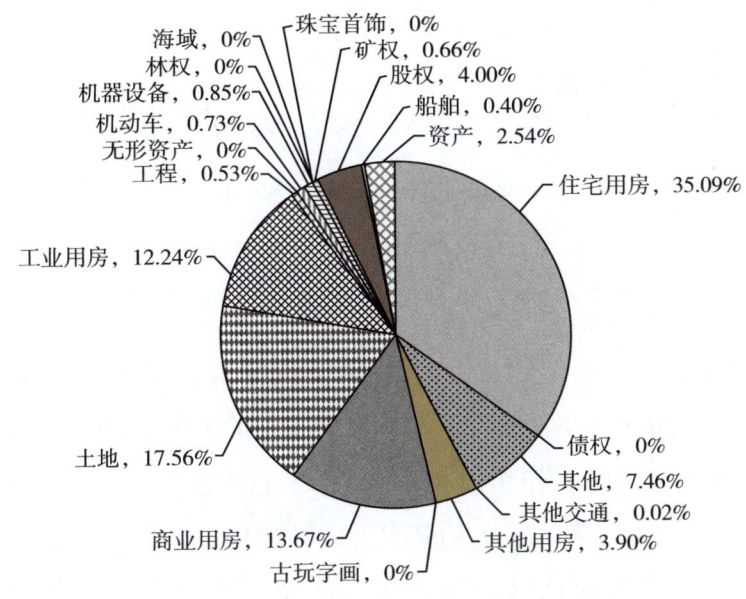

图 1　各类资产成交金额占比

资料来源：阿里拍卖；课题组根据公开资料整理

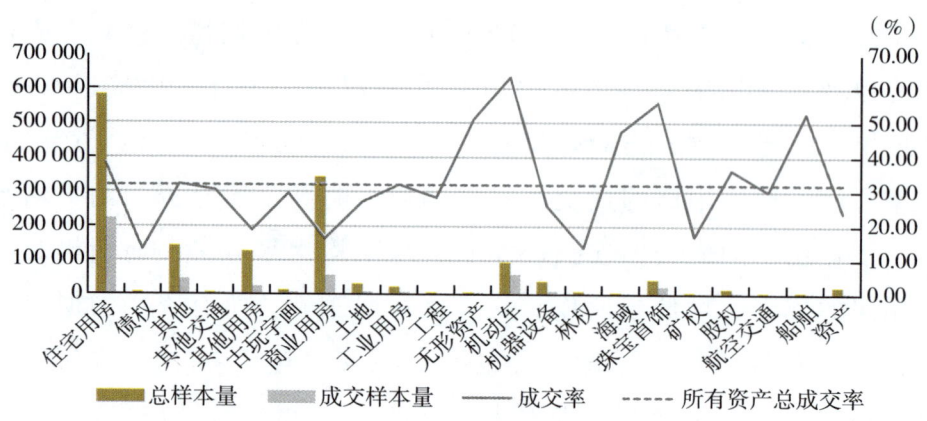

图 2　各类资产成交情况

资料来源：阿里拍卖；课题组根据公开资料整理

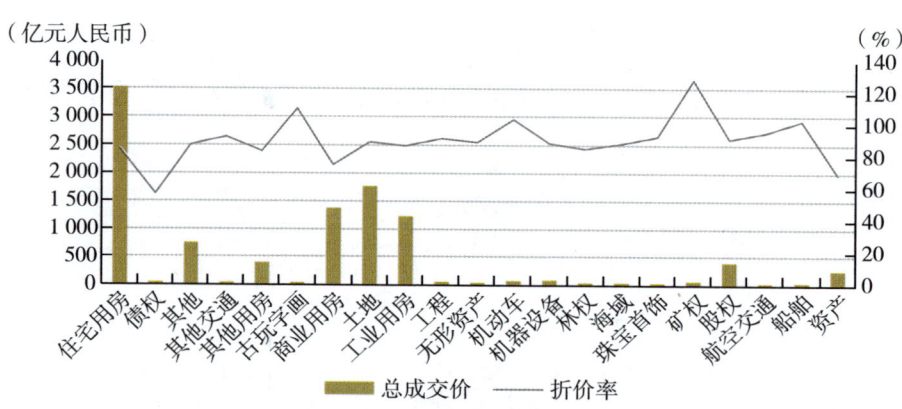

图 3　各类资产总成交额及折价率

资料来源：阿里拍卖；课题组根据公开资料整理

从成交量及成交金额的年化差异情况来看，受疫情影响，相较于 2018 年到 2019 年同期，2019 年 8 月至 2020 年 7 月各类资产的法拍成交量同比增加 14.43%，但由于资产折价较之上年更加严重，成交金额方面不升反降。从法拍资产的区域分布来看，江浙粤作为中小微企业驻扎密集的地区，近两年来法拍成交金额大幅领先于其他地区，且受疫情冲击，较之去年同期，这些地区的资产折价较为严重（见图 4 和图 5）。

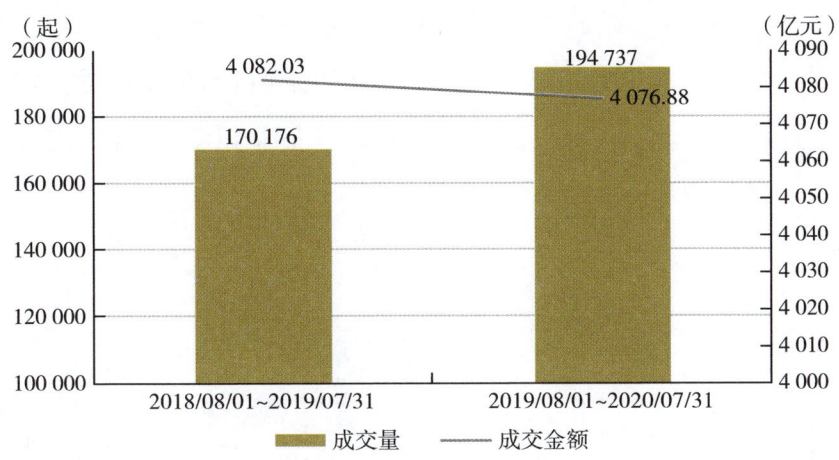

图 4　总体成交量及成交金额年化差异

资料来源：阿里拍卖；课题组根据公开资料整理

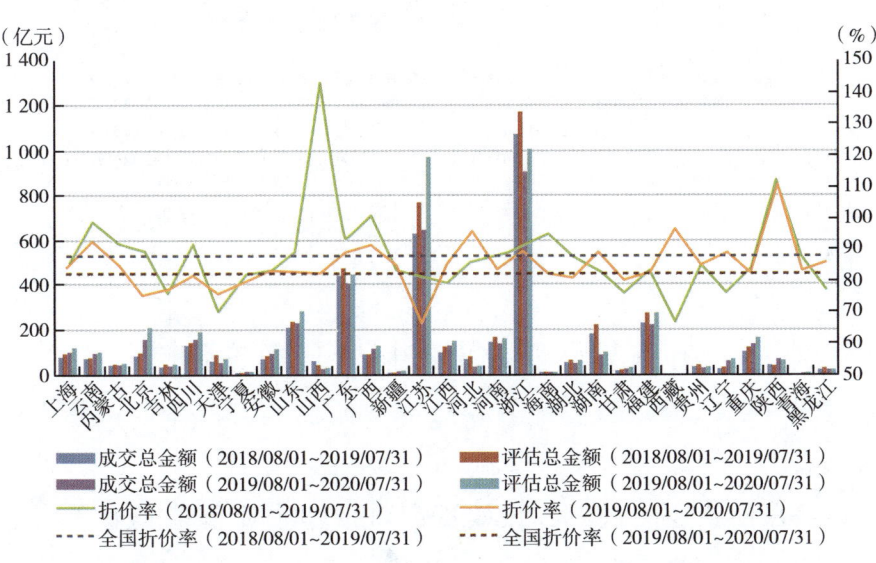

图 5　各地区法拍资产成交情况年化差异

资料来源：阿里拍卖；课题组根据公开资料整理

进一步细化，工业用房及设备拍卖与企业低效资产处置相关性最高。从成交规模来看，近两年的成交量变化不大（540 亿元左右），但折价率较之上年同期的 88.16%，年度同比下滑近 3 个百分点（85.81%）。江浙地区作为该类资产拍卖大户，成交金额及折价率较之去年均出现小幅下滑。考虑到疫情影响的滞后效应，预期未来一年这种趋势将得到延续，将会有更多企业以更大幅度的折价抛售无法为自身带来效益的低效资产（见图6）。

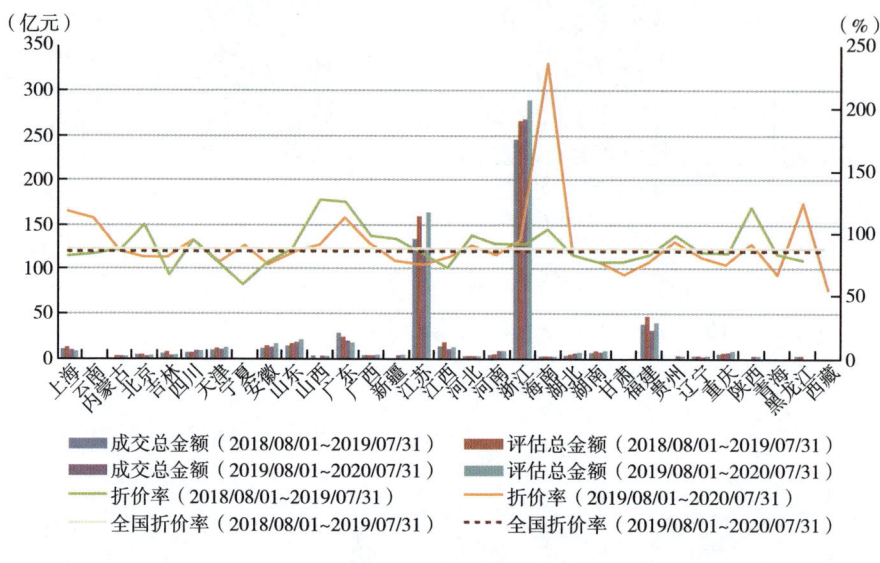

图6 工业用房及设备拍卖情况各地区年化差异

第三节 低效资产运营优质案例

虽然盘活企业的低效、无效资产对重塑企业价值具有重大的意义。但这个过程涉及资产估值、交易对手方寻觅、交易方案评估，甚至经营、管理制度模式及人员的重大调整，因此多数企业没有能力去设计规划合适的处置方案，进而选择通过较为简单粗暴的拍卖、转让等途径剥离这些低效资产。这种做法不仅会对企业价值造成重大打击，也无法根除低效资产形成的弊病（通常是企业管理制度上的疏漏或经营方向错误所致）。显然，要想盘活低效无效资产，重塑企业价值仅仅依靠企业自身通常是无法做到的，引入专业的机构投资者和专业的管理团队，自上而下地重新厘定企业经营发展方向，低效资产完全有重新高效的可能，重钢集团重整案例深刻诠释了这一点。

重钢股份是位于重庆的长流程钢厂，设计产能800万吨，为西南地区规模较大的钢厂之一。2012年搬迁至长寿区后财务负担过重，同时长期不能发挥其产能，导致历年亏损，于2017年进入破产重整程序。2017年在宝武集团（宝钢集团和武钢合并前的前身）的主导下，联合景顺资本、招商局资本以及中美绿色基金成立了四源合股权投资管理有限公司，着手重钢集团的重组业务。四源合协同重庆战新基金成立了平台公司，投入40亿元（平台公司30亿元，其他投资人10亿元）用于收购铁前资产，同时获得了大股东让渡股权，成为控股股东。2018年在稳定设备和人员的前提下，公司在新管理层的带领下实施满产满销，以当地市场需求为核心，加强成本控制，改善管理理念，增强环保意识，借助于较为宽松的市场环境，全年实现吨钢EBITDA超400元，扭亏为盈。2018年底，四源合将其所持有的重钢股权出售给由战略投资人为主出资组建的发展基金，退出金额为45.75亿元（见图7）。

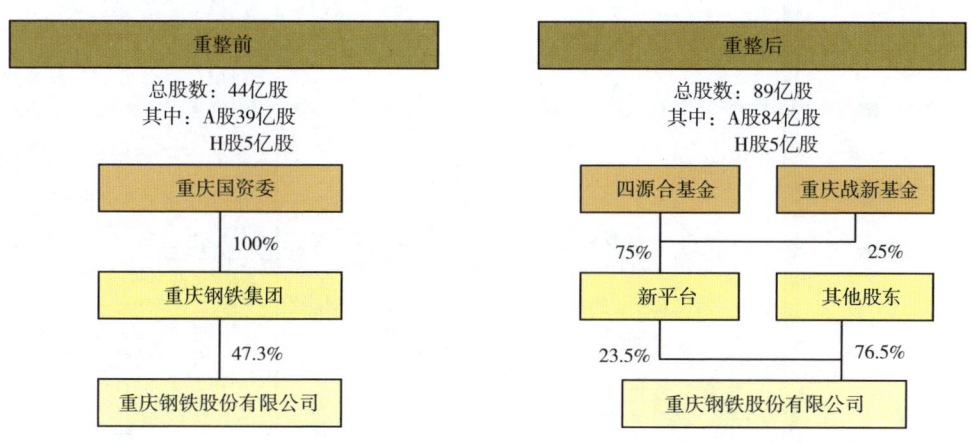

图7　重钢集团股权交易结构

资料来源：四源合；课题组根据公开资料整理

在重钢的成功案例中，低效资产剥离起到了至关重要的作用。具体有两部分构成：一是重组方40亿元购入账面价值47.5亿元的铁前资产。这部分资产为投资人提供了下行保护，因为即使公司经营表现不佳，资产出租也可以为公司带来了可观收益。二是重钢集团30亿元购入账面价值65亿元的二钢线等低效资产。这部分资产只能用于生产船板等重钢资产，市场不景气，成本过高。原股东通过收购该部分资产一方面可以让企业轻装上阵，另一方面企业也获得了可观的交易对价，用于偿债及运营资金的重要来源。

另外在债务重组方面，重组方也做了大量有效工作，在重钢债台高筑的情况下，平台公司联合公司大股东借助新贷款清偿了101亿元的有抵押债券以及其他优先债权，对于280亿元的普通债权则通过债转股的形式转化为44.8亿新股（按照当时股价，清偿率约30%）。解债之后，重钢的债务规模从300亿元骤降至35亿元（见图8和图9）。

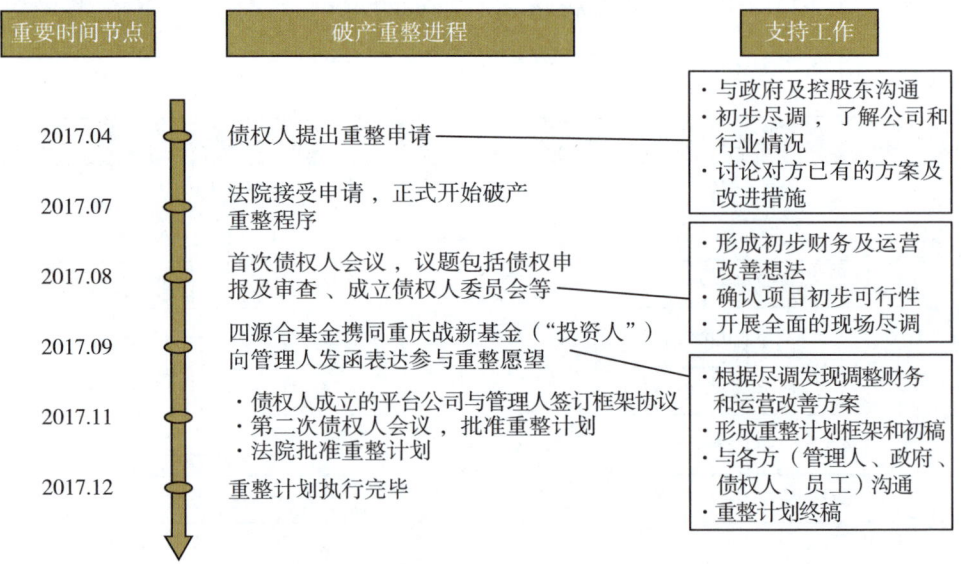

图8　重钢重整交易时间线

资料来源：四源合；课题组根据公开资料整理

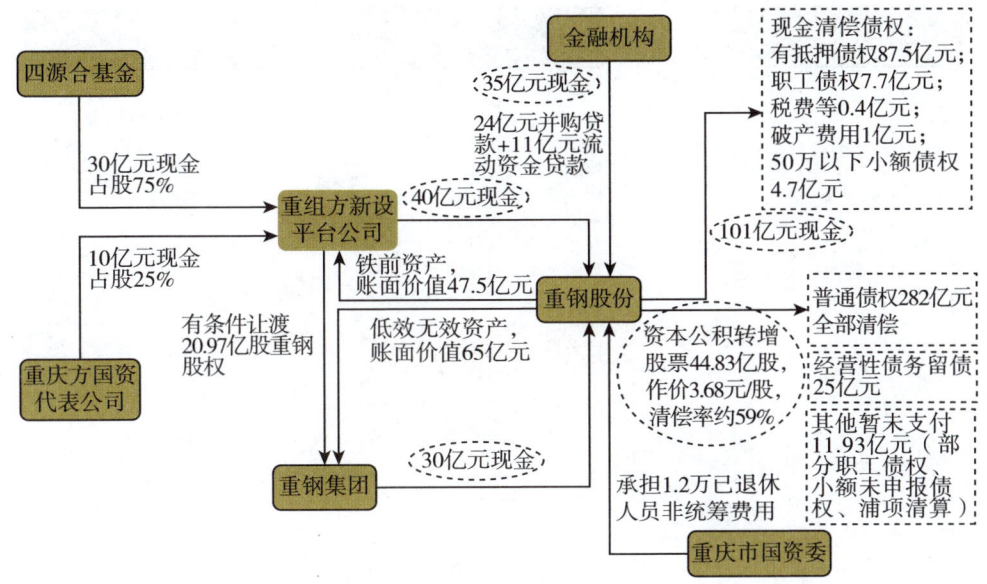

图 9　重钢重整交易结构

资料来源：四源合；课题组根据公开资料整理

在完成债务化解与资产夯实的工作后，通过包括产线调整、成本削减以及管理提升在内的系列运营及管理提升举措，真正实现了企业重钢企业价值重塑，新重钢重新成为大西南地区钢铁企业领头羊。2018 年，公司吨钢 EBITDA 突破 400 元，同比增长超 5 倍，且公司杠杆比例显著下降，公司重回常态化有效运营轨道（见图 10 和图 11）。

重钢集团重整作为一个大获成功的案例，对于机构投资者来说无疑具有启发意义。首先从标的选择的角度来看，虽然中国钢铁行业整体过剩，但局部市场或细分产品市场仍存在投资机会。对于重资产的传统企业，通过调整产品结构，设计新的运营方案，并通过适度投资短时间实现热门产品增量，降低生产成本，企业的低效、无效资产完全可能重获新生。当然，合适标的的搜寻、资产收购与股权转让过程中的议价以及设置合理的下行保护（例如，采购的重资产应有活跃的租赁市场）都是项目到期收益率的重要保障，也是对投资人的严峻考验。

| 产线调整 | 成本削减 | 管理提升 |

- 充分发挥现有热卷产能
- 厚板：市场定位从服务造船行业（市场在外）转向当地结构和建筑用钢行业，服务当地市场，减少中间成本，提高竞争力
- 长材：稳定已有生产装置，尽量发挥现有产能，同时中长期考虑资本支出新建产线，提高成材率和生产效率

- 满产满销
- 分工序（焦化、烧结、铁水、炼钢、轧材）严格对标，寻找差距及改善方案
- 优化原料结构，改善采购理念，从价格为主到使用成本为依据
- 专业管控（能耗、物流、损耗、维修费），技术降本
- 提升全流程协调，系统降本

- 以新的管理团队为核心，改变经营理念和管理意识
- 增强安全环保意识，提高长期可持续竞争力
- 市场化激励机制
- 员工持股计划
- 智能化

新重钢：
大西南地区领头钢铁公司

图 10　运营及管理提升

资料来源：四源合；课题组根据公开资料整理

	重整前后财务数据				备注
（金额：百万元，每吨数据除外）	2016	2017	2018	2019	①产品结构调整
① 收入	¥4 415	¥13 237	¥22 633	¥23 468	②负债在2017年底重整完成后大幅下降
EBITDA（息税折旧摊销前利润）	¥-2 275	¥267	¥2 698	¥1 590	③2018年（重整完成后第一年）公司顺利执行运营方案，同时市场条件配合，EBITDA超过400元/吨，年末杠杆比例仅为0.2x
销量（万吨）					
热卷	76	249	334	323	
板材	36	72	160	192	
长材	0	45	111	135	④2018年底，中国宝武（53.33%）、民企四川德胜（45.33%）和四源合（1.33%，基金管理人）成立钢铁产业发展基金，收购新平台75%股权，交易价格为45.75亿元，为2017年重整交易投资额的1.5倍
其他	127	24	0	0	
Total	239	391	605	651	
EBITDA/吨	¥-950	¥68	¥446	¥244	
② 货币及金融资产	¥1 103	¥2 051	¥2 795	¥2 184	
负债	¥34 274	¥3 500	¥3 292	¥3 476	
净负债	¥33 171	¥1 449	¥497	¥1 292	
③ 净负债/EBITDA	NA	5.4x	0.2x	0.8x	
净负债/吨	¥13 857	¥371	¥82	¥199	

图 11　重整前后财务数据变迁

资料来源：四源合；课题组根据公开资料整理

第四节 保险资金参与低效资产投资的意义及思考

一、保险资金参与低效资产投资的意义

(一) 服务国家战略,助力企业转型

为推进"三去一降一补",国务院提出以市场化、法治化方式,通过推进兼并重组、完善现代企业制度强化自我约束、盘活存量资产、优化债务结构,有序开展市场化银行债权转股权、依法破产、发展股权融资,积极稳妥降低企业杠杆率,助推供给侧结构性改革,助推国有企业改革深化,助推经济转型升级和优化布局,明确提出将保险投资机构作为降杠杆的重要参与机构。险资具有长期稳定、成本适中的独特优势,对于企业处理低效无效资产、降低杠杆、重塑经营活力具有重要意义。

(二) 拓宽险资运用渠道,优化险资资金配置

以不动产投资为代表的物权投资较之传统的固收、银行存款等产品,在收益率方面具备显著优势,且在投资期限上能够与险资的久期特征相适配。以REITs产品为例,其优先档的评级能够达到AA级以上,完全满足险资对于安全性的要求。在宏观经济景气度下行、股市低迷、"资产荒"严重的大背景下,如同其他类别的不良资产一样,企业低效资产投资为丰富保险资管机构的投资组合、提高收益率水平提供了新的渠道,有助于优化险资资金配置。

二、保险资金参与低效资产投资的思考

保险资金参与低效资产投资仍然处于起步阶段,结合保险资金特性及过往的投资经验,需要秉承控制风险、价值投资的原则稳步推进。

一是可以率先尝试投资主业相关的低效资产,例如在产权交易所挂牌的保险公司股权,与保险业务相关的养老、医疗、汽车服务等企业的股权。这些低效资产对于剥离机构来说可能属于收益较差的辅业资产,但对于保险资金来说却属于与主业协同较深的优质资产。该类资产投资对于保险资金来说总体风险可控、效果较佳。

二是可以尝试法拍不动产投资。保险资金对不动产投资总体比较熟悉,但通过司法拍卖渠道取得资产却比较陌生,主要原因在于保险资金认为法拍资产或多或少有些瑕疵,其实经过司法程序推拍的资产基本可以确保产权过户,难点在于资产上的租约解除及清场,保险资金可以借助专业机构力量做好相关环节的处置,从而达到投资的要求。

三是尝试作为财务投资者参与低效资产重组。市场上有专门从事低效资产重组的重整管理人,这些管理人往往具备较强的行业经验,善于发掘可以修复的低效资产并产生较好的生产效益。保险资金可以探讨作为财务投资人参与其中,利用重整管理人的专业能力获取财务投资回报。

附录四
保险资金参与小微企业不良贷款投资研究

党中央、国务院及相关部门高度重视普惠小微企业贷款服务实体经济准公共功能的发挥。银行贷款与 GDP 的发展具有非常高的相关性，商业银行的不良贷款率一直以来备受关注。然而在普惠金融发展的背景下，小微企业贷款不良率还鲜有研究。尤其是小微企业贷款规模小、期限短、不良率高等特点，为银行业金融机构处置不良贷款带了新的挑战。

保险资金作为支持实体经济发展的"稳定器"和"压舱石"，通过"投贷保"等多项支农支小融资业务试点，已经开展了一些有效解决"融资难""融资贵"难题的积极尝试。在经济下行周期，能否通过参与小微企业不良贷款的投资进一步发挥"保险姓保"服务实体经济发展的保障功能作用，值得探索研究。

第一节 小微企业贷款现状

一、商业银行贷款发展情况

新中国成立后我国经济发展取得了巨大的成就，尤其是在改革开放以后，经济发展进入了新阶段。1979～2018年，我国GDP年均增速高达9.4%，远超同期2.9%的全球经济平均增速。2019年，我国GDP增速为6.1%，创下了1991年以来的新低；与此同时，截至2019年末，我国银行业金融机构人民币各项贷款余额达到了创纪录的新高——153.11万亿元，同比增长12.3%；全年增加16.81万亿元，同比多增6 439亿元。

从历史数据来看，金融数据是预测经济走势一个比较可靠的领先指标，尤其是作为社会融资规模指标。目前普遍认为我国的社会融资规模增速领先名义GDP增速1～2个季度。银行业金融机构的信贷资金作为我国社会融资规模的主要组成部分，与经济增长之间的关系一直受到各方关注，它对实体经济的投放既是经济发展的必然要求，也是发挥我国金融服务功能的主要手段。

通过对我国1979～2019年长达40年的GDP和银行信贷规模数据进行统计和分析，从1979～2019年、1992～2019年、经济上升周期（1999～2012年）、经济下行周期（2013～2019年）等四个维度对银行信贷规模与GDP的相关性进行研究，均发现银行信贷规模与GDP规模存在非常高的相关性（均大于0.99），因此，选择1992～2019年的统计区间对银行信贷规模与GDP的相关性进行研究。

截至2019年，我国国内生产总值（GDP）达990 865亿元，按照年平均汇率折算约14.4万亿美元，稳居世界第二。回顾改革开放后的40年，1979～2012年，中国经济年均增速高达9.9%，对全球经济增长的年均贡献率升至15.9%，贡献率仅次于美国，居全球第二位；而在2013～2019年，我国经济年均增速为7.1%，对全球经济增长的年均贡献率约达30%，居全球第一位。

1979～2019年，我国GDP从3 865.8亿元增加至990 865亿元，同期的银行业金融机构贷款规模从2 082.47亿元增加至1 531 123.20亿元（见图1）。1992～2008年，高速扩张的银行贷款规模与高速增长的 GDP 并驾齐驱，但在 2008 年以后银行贷款规模对经济增长的拉动作用边际效应递减（见图 2）。这与我国 2008 年以后的经济结构、金融体系发展、社会融资结构发生较大变化等有关。

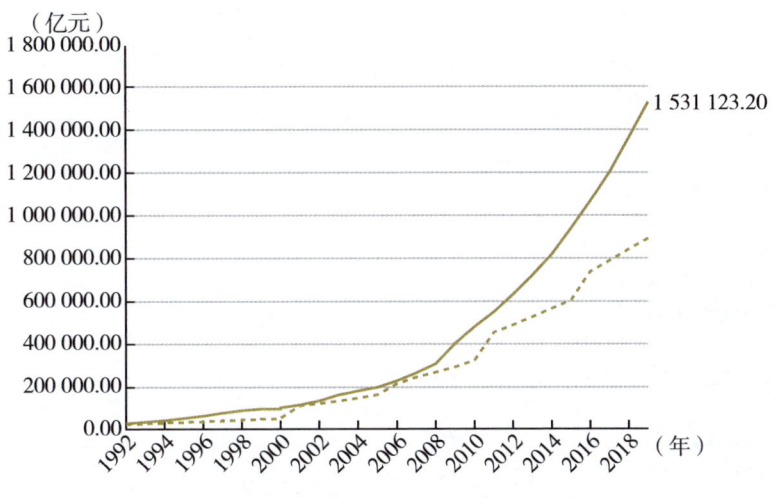

图 1 1992～2019 年银行贷款规模与 GDP

资料来源：课题组整理

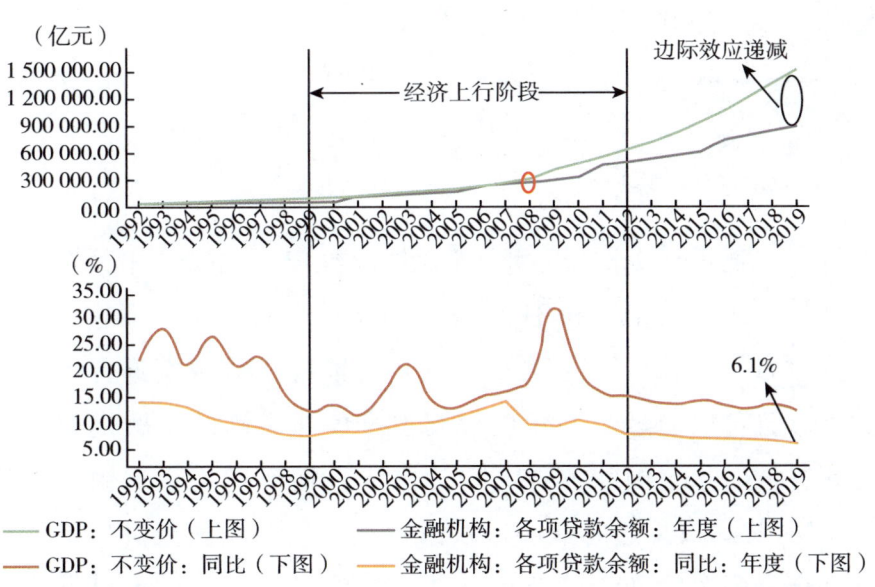

图 2 1992～2019 年全国 GDP 与银行贷款的规模及增速

资料来源：课题组整理

通过对全国1992～2019年的银行贷款规模与GDP的相关性进行测算,两者的相关性系数高达0.9912。以GDP为因变量(Y),贷款规模为自变量(X)进行线性回归建模的结果为:

$$Y = 0.666255X + 51\,846.18 \qquad R^2 = 0.9825$$

具有较高的拟合度,历史回测结果详见图3。

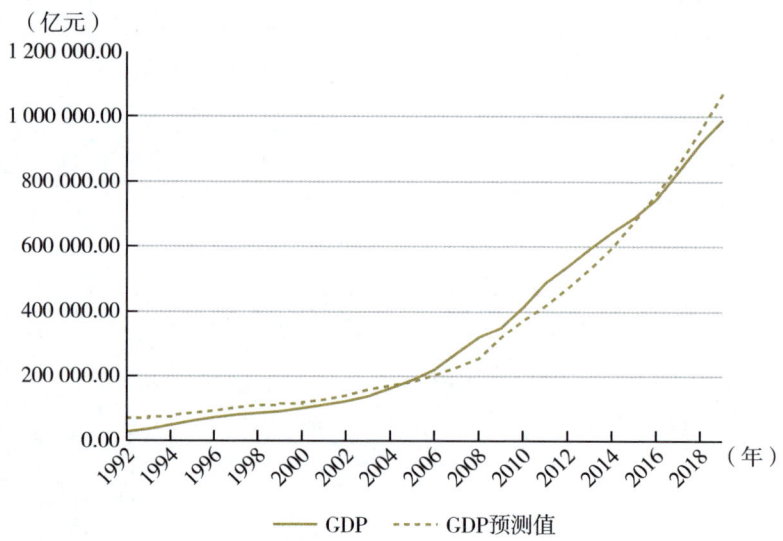

图3　全国GDP与银行贷款规模建模结果回测图

资料来源:课题组整理

综上,通过对全国及各地GDP与银行贷款规模的相关性进行分析,我们发现,就全国和31个省(自治区、直辖市)而言,除了辽宁、内蒙古、吉林、黑龙江外,GDP与银行贷款规模具有非常强的相关性,且可以通过金融建模得到拟合度非常高的金融模型用以预测分析。同时,全国和各省(自治区、直辖市)均呈现银行贷款规模对GDP拉动效果边际效应递减的特点。当前我国经济处于下行周期,在金融强监管和资管新规落地实施的背景下,加大银行信贷投放规模有利于保持GDP的稳定增长。

二、小微企业融资现状

中小微企业等民营经济在国内已占有非常重要的地位，如大家熟知的"56789"，即民营经济贡献了中国经济50%以上的税收、60%以上的GDP、70%以上的技术创新成果、80%以上的城镇劳动就业和90%以上的企业数量。党中央、国务院高度重视解决小微企业面临的融资难题，督促和引导金融机构加大对小微、民企的支持力度一直是政策引导的方向。近年来，央行、财政部、银保监会、地方政府、金融机构等部门以"几家抬"的方式共同支持小微企业融资，在降低贷款利率方面取得了较好的效果，小微企业贷款的规模逐年增加，覆盖面逐年扩大。

在国家政策的支持下，小微企业贷款规模快速增长。截至2018年12月末，全国全口径小微企业贷款余额33.49万亿元，比2013年末增加约88.57%，占各项贷款余额的23.81%。其中，普惠型小微企业贷款余额9.36万亿元，较年初增长21.79%，较各项贷款增速高9.2个百分点。

商业银行小微企业贷款规模增速高于金融机构全口径水平，城市商业银行和农村商业银行增速领先。2013~2018年，商业银行的小微企业贷款规模从14.04万亿元增加至27.02万亿元，增幅为92.45%。其中，城市商业银行、农村商业银行在小微企业贷款的占比逐年增加，增速领先；城市商业银行和农村商业银行的小微企业贷款年复合增长率明显高于商业银行小微企业贷款的年复合增长率水平。近几年小微企业贷款不良率逐步攀升，城市商业银行和农村商业银行的不良率远超行业整体水平。

但是，通过相关统计数据和问卷调查，小微企业融资难、融资贵的问题没有得到根本改变，小微企业的经济贡献与金融机构对小微企业的贷款支持力度有较大差距，信贷规模占比小、覆盖率低、审批难度大的问题仍然存在。截至2019年末，我国银行业金融机构人民币各项贷款余额达到了创纪录的新高153.11万亿元，同比增长12.3%。其中，小微企业贷款规模余额约36.9万亿元，同比增速10.18%，占比仅24.10%；普惠小微企业贷款余额约11.6万亿元，占比仅7.6%。据统计，2015～2019年，虽然我国小微企业信贷规模逐年增加，小微企业信贷规模在银行业金融机构贷款规模占比均未超过三成，且从2017年的最高点25.59%，已降至2019年的最低点24.10%；我国普惠小微企业贷款户数2 100户，仅占小微企业总户数（约8 000万户）的26.25%，普惠小微企业贷款的覆盖率较低。同时，根据央行发布的《银行家问卷调查报告》，2016年下半年以来，小型企业的贷款需求持续增长且高于大中型企业，但银行贷款审批指数处于低位，贷款审批难度仍然较高。

国有商业银行小微企业贷款占比较仍然较低。截至2018年底，国有商业银行、股份制商业银行、城市商业银行、农村商业银行、外资银行对小微企业贷款余额分别为7.10万亿元、4.57万亿元、6.26万亿元、6.96万亿元、0.26万亿元，对应的小微企业贷款余额占各自贷款余额总量的比例分别为12.93%、17.79%、42.14%、51.49%、19.64%。农村商业银行及城市商业银行对小微企业支持力度较高，主要是目前信贷分层导致大型商业银行信贷投放偏好规模大、风险小的地方政府融资平台、国企等，而中小银行定位为区域性银行，主要服务中小型企业，聚焦本地家庭、小型企业。虽然银行对小微企业的贷款比重不断增加，但是仍然只有少数小微企业能够从银行获得贷款。根据中国银保监会的统计，大型企业的贷款需求几乎能够100%覆盖，中型企业能够覆盖90%。但是对于小微企业的贷款，除了部分大型银行给予资金支持外，更多集中在城市商业银行和农村商业银行等中小银行，但是这些机构在整个银行业所占的比重不到两成，无法满足占比我国企业总量九成以上的小微企业庞大的资金需求。

三、小微企业贷款趋势

近年来，党中央、国务院高度重视缓解小微企业融资难题，已将发展普惠金融上升为国家战略并作出了一系列重要决策部署，引导资金流向民营企业、小微金融等重要领域和薄弱环节，包括将政府性融资担保作为政府发挥公共财政功能的准公共产品。2018年9月，国家融资担保基金正式挂牌运行，并将支持发展政府性融资担保，解决小微企业和"三农"等融资难融资贵问题，作为是一项重要的普惠金融发展手段和国家宏观调控政策措施。

国务院自2012年起连续多年发布促进中小企业健康发展的意见，加大金融机构对小微、民企的支持力度一直是政策引导的方向，央行、财政部、银保监会等部委及地方政府出台了多项解决小微企业融资难、融资贵的政策措施，创设了多种结构性政策工具，取得较好效果，有效平衡了多重政策目标。包括：

一是央行多年来通过定向降准、TMLF、再贷款、再贴现、加大支持金融机构发行小微企业专项债、创设直达实体经济的政策工具（普惠小微企业信用贷款支持计划、普惠小微企业贷款延期支持工具）等，从多角度制定政策，加大对民企、小微的支持力度。

二是财政部通过小微企业贷款进行财政贴息，发展政府性融资担保和降低担保费率，制定政府性融资担保、再担保绩效评价指引等，提升小微企业贷款的可获得性和降低融资成本。

三是银保监会（原银监会）自2011年就提出"两个不低于"的核心监管指标，且每年银保监会都会发布该年对支持小微企业的指导意见，目标从"两个不低于"逐步升级到"三个不低于"，再到当前的"两增两控"+"一二五目标";同时,通过完善商业银行开展小微企业金融业务的监管评价,引导商业银行提高小微企业首贷率和信用贷款占比,进一步降低小微企业综合融资成本。

四是财政部、国家税务总局明确自2018年9月1日至2020年12月31日,对金融机构向小型企业、微型企业和个体工商户发放小额贷款取得的利息收入,免征增值税。

五是国家税务总局、中国银保监会开展"银税互动"缓解小微企业信贷融资过程中信息不对称问题,推动银行加大对诚信纳税小微企业的信贷支持力度。

六是国家发展改革委、中国银保监会开展"信易贷"破解银企信息不对称难题,引导金融机构加大对中小微企业信用贷款的支持力度。

2020年国务院政府工作报告明确提出,国有大型商业银行的普惠小微企业贷款规模较年初增长不少40%。截至2019年底,小微企业贷款规模余额为36.9万亿元,同比增速为10.18%,占比仅为24.10%;普惠小微企业贷款余额为11.6万亿元,占比仅为7.6%。2020年小微企业贷款预计将超50万亿元。

第二节 小微企业贷款不良率的量化分析

银行业信用风险较经济周期具有明显的滞后性,比如2011~2013年经济增速大幅下行,但银行不良贷款率在2014~2015年出现明显提升。受贸易摩擦冲击,我国经济增速从2018年下半年开始就已出现较大幅度的下滑,2020年受疫情冲击,一季度实际GDP下降了6.8%,预计全年经济增速较去年也会大幅下降,2018年下半年以来的经济下行周期对银行资产质量的冲击将逐步显现。尤其是本轮疫情中,政策偏向支持中小微企业,更是对中小微企业实施延期还本付息的政策,银行未来大概率进入一个不良处置压力大幅提升的阶段。

央行发布的《中国金融稳定报告(2019)》数据显示,2018 年我国个人不良贷款余额为 7 103 亿元,不良率 1.5%。而受疫情影响,2020 年一季度个人不良贷款率比 2019 年末上升 0.13%。粗略估算,截至目前,我国个人不良贷款余额近万亿元。虽然市场看似很大,但是试点个贷不良转让的银行是六大行和 12 家股份制银行,而个贷不良更多的是在中小金融机构。

一、商业银行不良率研究与分析

考虑到经济的周期性因素,选择的历史数据区间为 2013~2019 年,将商业银行不良率与 GDP、M2、CPI、PPI、社会消费品零售总额、社会消费品零售总额同比、全社会固定资产投资完成额同比、城镇登记失业率、公共财政支出、公共财政支出同比、金融机构各项贷款余额、金融机构各项贷款余额同比、平均汇率(美元兑人民币)、短期贷款利率[6 个月(含)]、中长期贷款利率[1 至 3 年(含)]、上证综合指数等 16 个因素进行建模研究,从 2013 开始预测整体不良率,最终保留 GDP 同比、中长期贷款利率[1~3 年(含)]、金融机构各项贷款余额三个指标,最终的模型是:

$$y = -0.27581260014221015 x_1 + (-0.32699969617167834) x_2 + 4.0123049479922363 e^{-8} x_3 + 5.119974300179578$$

可以看到,在同一经济周期下,通过多元线性回归建模所获得的商业银行不良率函数模型具有较高的可信度,历史回测数据与实际历史数据具有较高的拟合度。商业银行不良率测算模型如下：

$$y = -0.2758x_1 + (-0.3270)x_2 + 4.01231e^{-8}x_3 + 5.12$$

该模型具有较高的可信度。

历史回测值对比见图4。

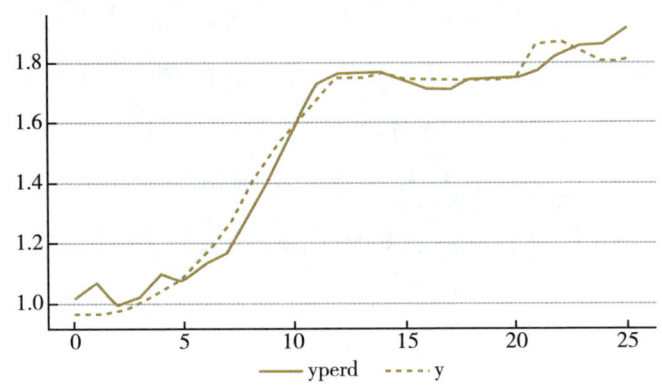

图4　历史回测值对比图

资料来源：课题组整理

二、2019~2023年小微企业贷款规模和不良率的测算与分析

从数据一致性和更保守的角度考虑，在以下三种情形下进行未来5年的小微企业贷款规模和不良率测算。

（一）基于过去5年的历史数据、政策要求下的情景假设测算未来5年商业银行的小微企业贷款规模

2014年以来，受全球经济增长动力放缓，以及国内进入增速换挡期、结构调整阵痛期、前期刺激政策消化期的"三期叠加"影响，我国宏观经济进入下行周期。此期间，监管部门通过不断优化监管指标和激励措施提升银行开展小微企业贷款业务的积极性。2019年的政府工作报告指出："2019年将加大对中小银行定向降准力度，释放的资金全部用于民营和小微企业贷款；国有大型商业银行小微企业贷款要增长 30% 以上。"2019 年 3 月，中国银保监会对普惠型小微企业贷款提出"两增两控"的要求。

一是参照过去 5 年的年均复合增长率情形。2014~2018 年，商业银行小微企业贷款的年复合增长率为 10.68%，若未来 5 年的小微企业贷款按照此复合增长率测算，则 2019~2023 年的商业银行小微企业贷款规模分别为 29.91 万亿元、33.11 万亿元、36.64 万亿元、40.56 万亿元和 44.89 万亿元。

二是按国有商业银行和股份制银行年均增速 30%，城市商业银行和农村商业银行按历史复合增速测算。未来 5 年商业银行的小微企业贷款规模预计分别为 30.34 万亿元、37.13 万亿元、45.58 万亿元、56.17 万亿元、69.48 万亿元。

三是各类型银行积极响应监管部门政策的乐观情形。若 2019~2023 年各类型商业银行小微企业贷款的增速均为 30%，未来 5 年的小微企业贷款规模预计分别为 35.13 万亿元、45.67 万亿元和 59.37 万亿元、77.19 万亿元、100.34 万亿元。

（二）未来 5 年的商业银行小微企业贷款不良率测算

1. 按照 2014~2018 年的历史情形下测算。2014~2018 年，小微企业贷款规模和小微企业不良贷款规模的年复合增长率分别为 10.68% 和 18.53%，按此测算 2019~2023 年的小微企业不良贷款率分别为 3.14%、3.36%、3.60%、3.85%、4.13%。

2. 对可获得的历史数据线性回归分析后，在保守和乐观两种情形下测算。通过对 2012~2018 年小微贷款余额与小微企业贷款不良率的相关性进行回归分析后得：

小微企业贷款不良率 = 小微贷款额 $\times 4.9671 \times 10^{-8} + 0.014541651$
历史回测图见图 5。

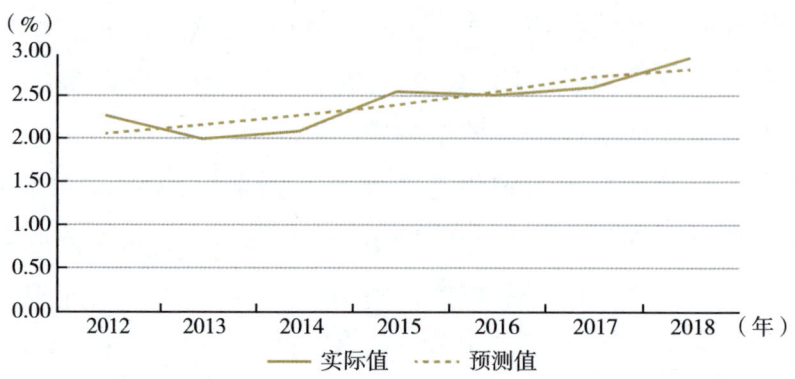

图 5　小微企业贷款不良率回测验证

资料来源：课题组整理

保守情形：按国有商业银行和股份制银行年均增速30%，城市商业银行和农村商业银行按历史复合增速测算，2019~2023年5年的小微企业贷款不良率分别为2.96%、3.30%、3.72%、4.24%、4.91%（见图6）。

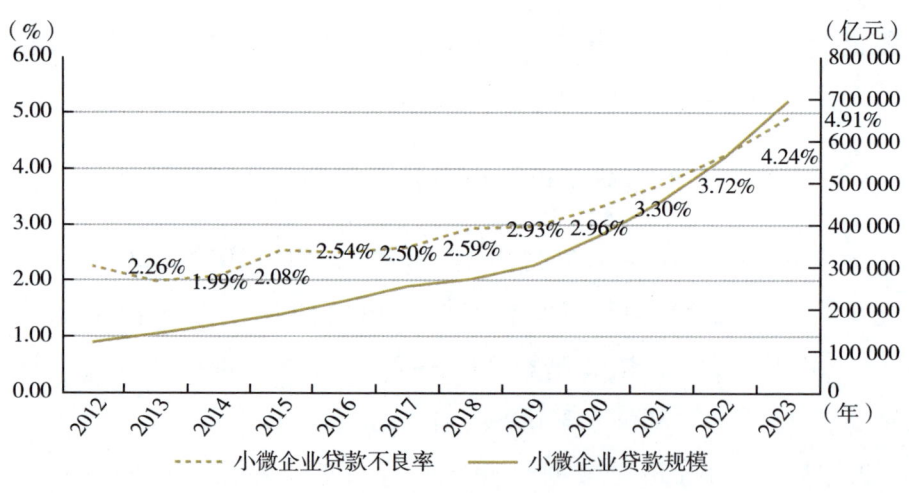

图 6　小微企业贷款不良率预测

资料来源：课题组整理

乐观情形：在各类型银行积极响应监管部门政策，小微企业贷款规模增速在30%的情形下，对小微企业贷款不良率进行了预测，

2019～2023 年 5 年的小微企业贷款不良率分别为 3.20%、3.72%、4.4%、5.29%、6.44%（见图 7）。

图 7　小微企业贷款不良率预测

资料来源：课题组整理。

2019 年，中国银保监会公布的普惠小微企业贷款不良率为 3.22%，与乐观情形下的测算结果非常接近。

第三节　小微企业贷款市场调查情况

近期某机构随机抽取 167 户小微企业进行抽样问卷调查，被调查的 167 户小微企业分布于我国东部、中部、西部地区，有小微企业、个体工商户，涉及制造业、种养殖业、服务业等多种业态，具有一定的代表性。被调查 167 户小微企业融资余额合计约 33.14 亿元，平均单户融资规模为 1 984.43 万元。

通过问卷调查发现：

（1）银行贷款是小微企业融资主要渠道。调查对象中，银行贷款占比最高的为100%，最低的0，平均为89.39%；其次是非银行金融机构融资，平均占比为10.23%，民间借贷占比平均为0.39%。

（2）小微企业银行贷款门槛较高。银行对小微企业贷款仍然以抵/质押和由融资担保机构提供担保为主，分别占38.73%和38.37%，信用贷款仅占16.44%。

（3）银行贷款期限过短，续贷成本较高。小微企业贷款期限以1年期为主，占比达83.67%。小微企业近80%的银行贷款偿还后仍需续贷，其中超过1/3的归还贷款资金需要另外筹措（俗称"过桥资金"），经济下行期间这一比例更高。过桥资金主要来源于包括政府性资金、金融机构和民间借贷，政府性资金成本最低，资金占用费平均低于1%，甚至免收资金占用费，金融机构的资金成本在1%~2.5%，民间借贷成本在4%~36%。过桥资金占用天数以3~20天为主，也有少数企业因为银行贷款接续失败、过桥资金成本过高出现重大风险。

抽样调研结果证实了造成小微企业融资难、融资贵的原因，一是我国金融体系发展相对滞后，仍以银行间接融资体系为主，企业融资渠道狭窄，尚未建立成熟的多元化融资体系和多层次资本市场，未能为小微企业发展提供低成本的直接和间接融资服务。二是社会信用体系有待完善，金融机构与小微企业的信息不对称，小微企业财务信息不规范、缺少合格抵/质押品、抗风险能力弱、存活率低等自身原因，造成小微企业信用贷款占比较低。三是银行业作为营利性机构，以利润监管考核目标为导向，对小微企业贷款风险定价能力较弱，缺乏激励机制，为规避风险，主要向国有企业和地方融资平台、大中型民营企业提供融资服务，加上货币政策传导不畅等，造成银行对小微企业贷款"不敢贷、不愿贷、不会贷"的局面，倾向于短期限的抵押和担保贷款。四是关于小微企业的法律法规不健全，配套政策不到位，针对小微企业的信用担保制度不健全，小微企业在正常的融资成本之外需额外支付过桥资金等其他费用，造成小微企业综合融资成本过高。

第四节 小微企业不良贷款处置新模式

随着小微企业贷款规模的快速增加，随之而来的小微企业不良贷款的处置问题日益受到各方关注。近期，中国银保监会已向六大国有商业银行、12家股份制商业银行、四大AMC、5家AIC和符合条件的地方AMC征求意见，拟放开银行向金融资产管理公司、地方资产管理公司转让单户对公不良贷款和批量转让个人不良贷款的限制。目前，有些观点认为由第三方机构，如资产管理公司（AMC）、金融资产投资公司（AIC）等收购相关不良债权比较合适，也有观点认为由担保机构处置比较合适。根据对多家AMC、AIC、银行等机构一线工作人员的沟通交流情况，将关于对小微企业不良贷款处置的分享如下：

一、商业银行处置不良资产的特点

（一）商业银行处置不良资产的动机

商业银行处置不良资产有多方面的考虑，比如满足监管要求、提高回收率、加快现金回收等，但从整体上看，商业银行处置不良资产最主要的动机是降低不良贷款率。在宏观经济下行压力增大、不良贷款率持续攀升的情况下，商业银行积极化解不良资产的压力增大。2019年末，商业银行不良贷款余额为2.41万亿元，较上年增加约3 800亿元；商业银行不良贷款率为1.86%，较上季末增加0.03个百分点；关注类贷款余额为3.8万亿元，历史的平均不良转换率为40%。2019年银行业金融机构共处置不良贷款为2.3万亿元，预计2020年银行业金融机构共处置不良贷款为3.4万亿元。

（二）商业银行处置不良资产的方式

商业银行处置不良贷款的常用措施包括清收、债务重组、不良资产转让、坏账核销等，其中不良资产转让是商业银行实现不良资产处置最有效率的措施。根据公开披露的信息，2019年各家商业银行共转让债权1 896次，转让户数约2.2万户，各家商业银行累计转让债权约3 962亿元。不良资产转让多通过招标、拍卖、协议转让等方式进行，AMC通过对标的资产包内资产进行分类并估值，经过内部决策程序后通过竞标、拍卖、协议受让等方式购买不良资产包。在行业实践中，很大一部分业务通过"名义上竞标，实质是银行与AMC双方事前谈判"的柜台交易形式完成。

（三）商业银行转让不良资产的价格

不良资产行业在经历了2017年行业过热和非理性的价格泡沫后，2018年、2019年AMC全行业收购银行不良资产的平均价格在回落至3~4折。商业银行多采用批量打包的方式处置不良资产，而实际上除了不动产（住宅、办公物业、商业物业，以及一、二线城市的工业用地）外，纯信用类贷款等大部分不良贷款在AMC内部的投资估值为"零"。现实操作中，银行多以不动产等具有较高市场可比价值资产搭售其他类资产估值较低或"零"的资产，因此，纯信用不良贷款的名义回收率也能达到3~4折。实际上，根据对国内两家较大的不良贷款清收公司的访谈，个人不良贷款的历史平均回收率在 20% 左右。

二、小微企业不良贷款处置与 AIC 合作的可行性

(一) 不良资产行业参与主体日益多元化

参与主体日益多元化，不良资产管理市场进入"专业化、市场化"发展阶段。不良资产管理行业经过近二十年的行业发展和政策变化，目前形成了"4 + 2 + N + 银行系"（四大 AMC、59 家地方 AMC、5 家银行系 AIC 和多家无牌照的专业 AMC 服务商）的市场格局。其中，四大 AMC 经过近 20 年的发展，拥有行业资源、专业能力、服务网络及资本实力等先发优势，预计短期全国性的不良资产管理市场仍将由四大 AMC 主导；但地方 AMC 的快速发展、银行系 AIC 的行业准入、专业无牌照 AMC 服务商的机构化、外资专业机构介入预期加强等新特点和新变化使得该行业进入了充分竞争的"专业化、市场化"发展阶段。

(二) 五家银行系 AIC 入场，市场机遇来临

2018 年 6 月 29 日，中国银保监会发布《金融资产投资公司管理办法（试行）》。该办法要求金融资产投资公司应由境内商业银行作为主要股东发起设立，但并不要求商业银行控股，允许其他符合条件的投资者投资入股金融资产投资公司。其中，允许金融资产投资公司依法依规面向合格投资者募集资金，充分运用私募资产管理产品支持实施债转股；允许金融资产投资公司设立附属机构申请成为私募股权投资基金管理人，通过设立私募股权投资基金开展债转股业务；涉及银行不良资产，可以按不良资产处置的有关规定办理。

目前，工行、农行、中行、建行和交行等五大国有商业银行均

已成立金融资产投资公司，预期会有更多的大中等规模的银行参与发起设立 AIC。AIC 作为一类新的非银行金融机构，优势主要体现在资金雄厚，融资方式灵活，有五大行股东的大力支持。同时，AIC 拥有较为灵活的债转股及配套支持业务运作模式，如：在收购债权定价上，既可协商定价，也可由独立第三方实施；在债权转让方式上，可以采取招标、拍卖等方式，也可协议转让，以及允许 AIC 可以再设子公司（附属机构），作为私募投资基金管理人。目前，中国工商银行、中国农业银行等五大行的 AIC 子公司均已获取私募投资基金管理人牌照，通过引入多元化的投资主体，将有望成为不良资产投资行业重要的新势力。

（三）AMC 目前仅限于收购法人企业类不良资产，对于批量担保代偿债权业务具有局限性

从行业的调研情况和行业研究统计来看，虽然 AMC 投资不良资产的收益率较高，但 AMC 的业务范围存在一定比例的覆盖缺口。AMC 对购买不良资产的预期收益率普遍较高，不良资产投资业务的 IRR 平均在 15%～20% 区间。目前，AMC 只能收购银行不良债权中法人企业的不良贷款，自然人属性的个人经营性贷款不属于其收购范围。根据央行数据，2018 年末规模 1 000 万元以内普惠型小微企业贷款约 9.5 万亿元；其中规模 1 000 万元以下的小微企业贷款约 3.34 万亿元，个体工商户及小微企业主的经营性贷款约 6.16 万亿元。假设批量担保产品的客户结构与全国普惠小微企业贷款的统计口径一致，AMC 在收购批量担保产品所产生的担保代偿债权方面存在较大比例的覆盖缺口。

近期，中国银保监会已向六大国有商业银行、12 家股份制商业银行、四大 AMC、5 家 AIC 和符合条件的地方 AMC 征求意见，拟放开银行向金融资产管理公司、地方资产管理公司转让单户对公不良贷款和批量转让个人不良贷款的限制。从对多家机构的访谈来看，根据普惠小微企业贷款的资产质量、批量担保产品纯信用类贷款的特点，AMC 由于缺乏历史处置回收率数据，对其判断预期回收率存在一定的困难。

AMC 传统的收购、处置业务模式，对于普惠小微企业贷款的投资动力不足，通过借助银行批量化处置不良资产才能将担保代偿债权以一定的账面价值回收。同时，由于银行不定期批量转让不良资产，且转让资产、规模和价格均存在一定的不确定性，AMC 很难通过直接事前约定的方式承诺收购担保代偿不良资产。

综上，AMC 的行业特点、投资估值方式、批量开展收购个人不良贷款业务等局限性，相较而言，AIC 因其拥有强大的股东支持优势、灵活的配套支持业务运作模式，有望成为承接小微企业不良贷款的收购方。

三、小微企业不良贷款处置的发展契机

对比各类参与主体，银行 AIC 更有能力和手段处置小微企业不良贷款。五大国有商业银行是不良资产市场的主要供给方。2018 年，中国工商银行等五大国有商业全年清收处置不良贷款合计约 2 027.58 亿元，占银行业不良资产处置规模的 59.89%。国有商业银行和股份制商业银行每年均有较大规模的不良资产处置需求、较大规模的不良资产规模基数，对于小微企业不良债权有较高的吸纳能力和较多的处置手段，例如：可以将此类产品的不良债权分散于多个不良资产包出售，并取得较高的账面处置回收率（3~4 折）。

商业银行的平均净利差水平为开展普惠小微企业贷款业务提供了较大的市场空间。2013~2019 年，上市的全部 35 家银行的平均净利差分别为 2.5432%、2.5211%、2.3981%、2.0827%、1.9208%、

2.0163%、2.1340%。其中,上市的5家国有商业银行的平均净利差介于1.9274%~2.4616%,上市8家股份制商业银行的平均净利差介于1.7338%~2.3050%,上市14家城市商业银行的平均净利差介于1.9323%~2.7076%,上市8家农村商业银行的平均净利差介于2.4366%~3.1569%。以小微企业贷款占比达65%的常熟银行为例,2018年的净利差为3.3266%,小微企业贷款收益率为8%~10%,这主要得益于银行在小微企业贷款业务上议价能力较强,这也是常熟银行ROA领先同业的最重要的原因。事实上,另一家小微企业贷款占比达83.4%城市商业银行——台州银行2019年度净利差更是高达4.66%,小微企业贷款收益率达11%~12%。可见,在目前银行业务以风险定价的机制下,普惠小微企业贷款的净利差要远高于各类型银行的平均净利差水平。

政策性金融机构履行准公共财政功能,尤其是服务支小支农业务的政府性金融机构具有较强的参与意愿。目前,全国政府性融资担保体系业务规模增长较快,若按普惠小微企业贷款不良率6%计算,以银担合作"二八"分担的原则,商业银行承担20%的风险责任实际承担1.2%的不良贷款风险敞口,远小于过去6年各类型商业银行的平均净利差水平。可见,银行通过银担合作开展普惠小微企业贷款业务在服务国家普惠金融发展目标的同时,仍有一定的利润空间。同时,银行拥有庞大的信贷和不良贷款规模,在银行系AIC逐渐完成布局的情况下,是唯一能够全部吸纳较大规模不良贷款,且拥有最多处置手段的机构。

同时,银行下属AIC与政策性金融机构合作以一定价格批量收购小微企业不良贷款债权是银担风险分担的另一种形式,更有利于引导银行在扩大小微企业贷款业务规模同时,加强业务的前端和后端管理,提高服务实体经济发展的支持效果。

第五节 建议

在普惠金融发展的大时代背景下,小微企业贷款规模和占比将逐步提高。一是随着金融科技时代的到来,通过大数据、云计算等金融科技手段赋能社会信用体系建设,为完善小微企业贷款和不良贷款定价模式提供了更好的技术支持;二是随着国家法制建设的不断推进和社会信用体系"威慑力"的增强,为小微企业不良贷款的处置提供了较好的法治环境;三是参与主体的日益活跃,也为保险资金进入不良资产市场提供了较好的契机。因此,建议:

一、选择政策性机构试点合作,争取政策支持,戮力共赢

在普惠金融上升为国家发展战略的新时代,鉴于保险资金与普惠性金融机构的政策性、保障性等共同特点,可考虑与政策性金融机构合作,如开展全国政府性融资担保体系建设的国家融资担保基金合作(以支持支小支农的小微企业贷款业务为主,开业一年多来规模已超5 000亿元;体系内1 800家政府性融资担保机构,存续2 000亿~3 000亿元的不良债权代偿资产,遍布全国的成员网络和银担合作体系,已形成了一些好的不良资产处置经验与做法)试点设立不良资产投资基金,通过产品设计满足保险资金资产配置要求,以与政策性金融机构合作合作为支点,切入不良资产投资市场,打通与(非)银行业金融机构合作的通道,打造"保险资金通过不良资产投资介入政策性金融领域"服务实体经济发展的新路径。

二、"银行AIC、保险、担保"三方合作开展小微企业不良贷款投资

五大行均已成为金融资产投资公司，国家融资担保基金已与12家国有大型、全国性股份制银行开展了银担"总对总"批量担保业务合作，保险资产管理公司与国家融资担保基金可考虑选择一家合作银行，研究由该银行下属AIC作为批量承接银担"总对总"批量担保合作项下的担保代偿债权的试点，多方合作开展小微企业不良贷款投资。通过国家融资担保基金与保险资产管理公司成立资产管理公司，根据每年预计的小微企业贷款规模与AIC成立不良资产投资基金或特殊目的载体（SPV），共同作为基金管理人通过定制化的方式处置或间接转让给不良资产投资机构等，在推动小微企业贷款规模增加和利率降低的同时，解决银行不良资产的处置问题，更通过交易结构设计将SPV作为"保险与担保合作"开展小微企业不良贷款投资业务的长期投资方，在获得获取稳定收益的同时，从不良资产投资端践行保险资金服务国家普惠金融发展，支持实体经济发展的使命和担当。

附录五
保险资金参与高收益债投资研究

第一节 高收益债起源及市场

一、高收益债的内涵

（一）高收益债的定义

通常按评级结果，把低于投资级（BBB 或 Baa）的债券称之为高收益债。实践中，高收益债没有统一的权威标准定义。比较普遍的是从收益率相对利差、隐含评级、绝对收益率等角度，根据具体情境划分和界定高收益债。

有些研究从我国债券市场级别区分度不够、主体级别高度集中在 AAA 至 AA 级的现实出发，将 AA 级及以下甚至部分 AA+级债券都视为高收益债；有些研究考虑到市场风险情绪的变化，通常会反映为估值大幅调整或收益率变动，因此将收益率作为界定高收益债的标尺；也有些研究认为信用等级和收益率均是识别高收益债的重要依据，因此将筛选重点放在"高收益+高风险"上。

国际上高收益债主要集中于一级市场，国内则主要集中于二级市场。从历史统计看，国际上高收益债平均收益率比同期限投资级债券要高 4%~10%，国内平均收益率水平则远高于国际水平。

（二）高收益债与垃圾债的区别

高收益债虽在有些场合也称为垃圾债或私募债，但是高收益债并不都是垃圾债，也并不一定都是私募债。

实践中，通常用以下标准区分高收益债券与垃圾债：一是主观上以到期兑付为最终的投资目标，与违约债存在明显区别；二是追逐确定性的未来现金流，并能够与产品久期相匹配；三是个券持有至到期（或出售）的最终收益率不低于 10%；四是债券二级市场的交易价格（净价）不曾低于 80 元。符合这些标准的就是高收益债而非垃圾债。

（三）适用

本研究不拘泥于所谓的定义，而是聚焦特殊机会下的困境投资情境，重点从高信用风险着手，从困境的产生、演进和归因等维度，分析和把握保险资金如何更好地参与高收益债投资。

二、高收益债市场的发展情况

（一）全球情况

2008 年金融危机以来，高收益债在美国经历了近 20 年的野蛮增长，现步入稳定发展阶段，高收益债在企业债中占比逐步提高，稳定在 23% 左右。据 ICE 美国高收益公司债指数统计，2020 年美国高收益债接近 4 000 只，总规模突破 2.3 万亿美元。根据美国银行的数据，截至 2020 年 9 月 25 日，美国垃圾债的总发行量为 3 210 亿美元。美国银行预测2020财年总共将发行3 750亿美元垃圾债,打破2012年创下的全年3 220亿美元的历史发行纪录。摩根大通的分析显示,过去18年,能源公司是华尔街最大的垃圾债券发行者之一,规模高达9 378亿美元,惠誉国际评级按照2020上半年的违约数据测算,2020年美国能源行业的违约概率将达到12.3%。

欧洲及亚洲等市场也步入稳定发展。1997年起,伴随欧元的产生及金融业整合,欧洲高收益债券市场开始兴起,相对较低的违约率和利率吸引了大量投资者。2000年起,网络泡沫破裂导致违约率飚升,产生大量被降级的债券。2003年起,随着大量投资级债券基金、专业违约债券投资者的关注和参与,特别是信用违约互换(CDS)和担保债务凭证(CDO)等证券化创新工具帮助做市商和投资者对冲和化解风险,欧洲高收益债券市场逐渐恢复并成熟起来。与美国一样,2008年受金融危机影响高收益债发行规模一度大幅下滑,但2009年很快恢复,全年发行量超过500亿美元。欧元区国家中,发行高收益债最多的国家依次为意大利、西班牙和法国等。

亚洲高收益债券市场开始于1993年,主要发行人是外债急剧攀升的东南亚国家。1997年亚洲金融危机爆发,市场陷入谷底并进入调整阶段,直至2007年;2008年短暂冲击后,随着大量私人银行和共同基金进入,亚洲高收益债券市场投资者结构日趋多元,行为趋于理性成熟;2015年市场存量规模超过1 500亿美元。

(二)中国情况

不同于美欧日等已基本的成熟市场,中国高收益债市场新近起步但趋势已成。将中债估值收益率超过相同待偿期限中债企业债收益率曲线(AA-)的国内公募债券中,满足如下条件的定义为高收益债券:一是债券种类为Wind债券二级分类中的一般企业债、一般中期票据、一般公司债;二是债券余额不小于10亿元或每月成交量不低于3 000万元;三是上市地点限于银行间市场、交易所市场;四是债券剩余期限为1天(含)以上。依据上述筛选标准,截至2020年初,国内高收益债券存续只数为830只,债券余额1.02万亿元,占同期全部一般企业债、一般中期票据和一般公司债存量规模的比重仅为8%。

实践中,很多人将2012年起的中小企业私募债视作中国高收益债的开始;也有人认为2014年超日债实质性违约为高收益债的起始元年;也有人认为随着2016年资管新规陆续出台,2017年起高收益债才算是正式出现。据此口径统计,则2019年底我国高收益债数量突破1 600只,规模近15 000亿元(见表1)。如果考虑估值收益率滞后效应、动态特性和估值折扣等统计口径原因影响,实际规模应该更大。目前,存续高收益债券主要呈现以下特征:一是行业集中度较高;二是发行人以民企和地方国企为主;三是短期化特征明显。

表1　　　　　　　近年来我国高收益债数量和规模

时间	项目	合计	企业债	公司债	中票	定向工具	可转债	可交债	金融债	短融	其他
2018年8月	数量(只)	867	269	252	330	1	2		13		
	规模(亿元)	9 182	2 479	2 665	3 377	20	8.56		632		
2019年1月	数量(只)	1 280	294	483	412	53	2	19	15		2
	规模(亿元)	12 115	2 363	4 570	4 175	385	0.306	108.83	508		4
2019年12月	数量(只)	1 629	279	603	565	104	2	34	22	13	7
	规模(亿元)	14 989	1 840	5 364	5 834	777	0.306	181.16	698.5	93.1	200.75

资料来源:Wind,鼎诺投资

第二节 高收益债与困境投资

一、困境投资中的高收益债

(一) 高收益的起因

投资困境中的资产，债权方式必然要求风险补偿。前面已提到，区别于普通债券主要以利率债基准加利差定价，高收益债定价虽然受流动性风险等影响，但补偿主要来自信用风险。

债券的信用风险即违约，往往是多因素共同作用的结果，并最终因现金流不足导致无法如约偿付。行业景气度下行或担保方拒绝代偿等外部环境因素，盈利能力弱等公司经营因素，短期债务负担过重或财务报表信息披露不实、控制权或债务纠纷及违法等公司治理原因，对外担保或高层突发重大变故因素等，都可能造成债券违约。

但信用瑕疵是违约的必要而非充分条件，高收益债违约背后的深层次原因是能否投资以及决定投资效果的关键。业绩连续亏损、流动性衰竭、评级连续下调、资不抵债、审计结果有瑕疵、公司治理有风险、合并报表风险等显性和隐性的违约表象特征背后，往往是行业处于下行周期、政策依赖度过高、债务结构不合理、过渡依赖外部融资、控制权争夺下管理层激进掏空企业、母强子弱或子强母弱、信息披露问题、交叉违约、对外担保等深层次的根本原因。

同时，高收益债又是杠杆化金融产品。在自有资金有限的情况下，高收益债为投资者提供了一个颇具吸引力的风险收益组合和固定的现金流,在创业解困、并购重组等困境投资中为发行人提供了与之适应的资金来源。但杠杆化的双刃剑也放大了困境资产的投资风险,根据真实杠杆化率,需要进一步判断和界定风险补偿。

(二) 困境投资要求高收益的逻辑

在厘清违约原因的基础上,我们提出如下困境资产高收益债投资逻辑:

高收益对应高风险——→高风险对应高违约率——→高违约率(或潜在高违约率)导致陷入困境——→不同情景的困境会有特殊的投资机会,有不同组合的α收益+β收益——→特殊机会投资可以有主动策略和被动策略以及择时和择券策略——→不同策略下产品各有侧重。

(三) 困境资产投资高收益的构成

投资于困境资产之所以要求高收益,源于以下几个方面的或有对价:时间价值、融资成本、产品费用、重组支出、转让费用、监管惩戒可能、流动性补偿等。

当陷入困境、难以获得投资级别评级的特殊资产以发行债券方式融资,此时的债券就是濒临违约的高收益债。区别于普通债券收益主要来自时间价值,高收益债券在持有和处置、转让等环节可能会面临巨大的不确定性,这些不确定性都需要有收益补偿,有些不确定性补偿甚至超过时间价值。

高收益债定价侧重于企业估值或资产估值能覆盖多少相关债务。实践中,是基于回收率的测算对投机级债券进行违约回收率评级,在乐观、中性和悲观三种假设情况下,对企业或资产价值进行评估,再按各级债务的求偿顺序,计算违约时企业或资产对各级债务的覆盖情况,从而计算出债券回收率,结合主体评级给出回收率评级,进而指导债券定价。

二、投资高收益债的关注点

(一) 择时

开展高收益债投资,择时把握要求高,对时点、趋势、久期等的判断具有鲜明特点。

1. 判断趋势。判断趋势就是判断投资高收益债券后,发债主体处于经济周期——即复苏、增长、鼎盛、衰退的哪个阶段,偿债相关指标处于上升期还是下降期。

2. 判断久期。久期判断就是无论是受外界大环境还是自身经营管理能力影响,判断偿债主体在经济周期特定阶段会持续多久。

3. 判断时点。明确趋势和基本判断久期之后,判断高收益债的投资或退出时点尤为重要,无论是右侧操之过急投资或左侧投后时间过久,还是退出过早或过晚,都会显著影响高收益债券收益实现的最大化。

(二) 择券

经测算,在不考虑潜在信用事件套利情景下,高收益债预期收益率为 6.9%~19.3%,中性水平为 10%~16%,通过对高收益债券各种风险的深入分析和把握,有望取得理想收益。如果依托信息和专业优势进行套利,能获取年化 20% 以上超额收益。

正如前面所述,濒临违约的债券,不同的投资者可能会给予不同判断,或者说基于不同的假设,主要有以下三种择券策略:

1. 获取 α。在债券如期偿付乐观假设下,判断发债主体经历短暂财务困境后,主体信用基本面会得以改善,进而收入逐渐恢复增长,在此期间企业或资产不会触发保护性条款,债券顺利到期偿付,以博取回收的信用对价条件和兑付结果，实现超额收益，这是典型的通过信用事件套利获取 α 的主要方式。

2. 获取 β。在债券到期前企业很有可能会触发保护性条款的中性假设下，判断行业环境没有改善或宏观经济低迷，收入增长率持续下降，现金流规模萎缩，如果财务杠杆偏高则很容易违反偿付条款而被迫出售股权或资产来偿还债务。投资者如果认为经过重组等方式企业还有偿债潜力，则采用 EBITDA 倍数法，根据高收益债的违约率、违约损失率（1－回收率）及预期收益率，波段操作，及时锁定 β 收益。

3. 追求处置收益。基于破产清算的悲观假设，发债企业境况相当糟糕，没有潜在收购者，只能通过资产被逐一低价出售来偿还债务。这种情况下，不同能力或禀赋的投资者通过资产保全、重组、转让等主动管理，有的可以获取 β 收益，有的投资者甚至可以实现相当诱人的 α 收益。

（三）策略

不同于波段交易策略或组合投资策略等国外常见的高收益债券投资策略，聚焦困境资产这种特殊机会投资，基于以上择时择券能力或禀赋的差异，将此类高收益债券投资者主要会采用的投资策略归纳如下：

1. 被动式。此种方式以高收益债基金为代表，投资者通过购买高收益债券基金份额的方式，将资金投给高收益债基金，交由专业机构管理，从而间接或者说是被动式参与高收益债券投资。此种策略基于市场强有效或半有效假设，以分散投资为主，侧重规则的管理，获取市场平均收益为目标。

2. "被动+主动式"。此种方式以买断后委托专业机构为代表，投资者通过发挥自身在获取资产到交易退出整个过程中的若干优势，与专业机构进行互补式合作,从而既有被动或间接选择,又主动发挥了有限的比较优势,是一种多方共赢的多策略组合。既有关注行业信用风险与利差变化的行业轮动策略、信息不对称导致价值低估的事件驱动策略,也有债务压力可控的城投收益策略或相对优质民营企业的所有制收益策略。

3. 主动式。此种方式以四大 AMC 或类四大 AMC 的专业机构为代表,投资者主动参与从获取债券资源、对外融资、甄别投资机会、估值调整到重组改造、转让退出实现收益的全业务链,将包括高收益债券投资在内的、困境资产等特殊机会投资作为主营业务。相对而言,投资者对市场有效性没有要求,投资范围相对集中或适度分散,充分利用专业能力,获取高于市场平均水平的超额收益。

第三节 保险资金投资高收益债

一、行业面临的现状

(一) 经济周期走向复苏

经济周期时间长短、方向、底部、拐点、速度等决定了高收益债投资的成功概率。逆周期规律表明,投资在经济周期复苏前夜最容易成功,考验机构对大势的研判和决断能力。

例如,自 2015 年第二季度以来,美国企业未偿债务增速已超过企业税前利润增速。这一变化趋势可能会导致公司债的发行人在未来难以还本付息,尤其是在疫情严峻、企业盈利压力日渐增大的情况下,如果经济复苏不及预期,或者投资者要求的风险补偿提高,企业将面临严重的流动性问题，持有较多短期债务的企业将陷入困境，发生资金链条断裂和债务风险的概率提高，无法履行财务义务的公司将被迫违约或破产。而债务违约具有传染性，一家企业的违约容易产生"多米诺骨牌效应"，债务链条上的相关企业均将面临困境。

（二）利率下行导致资产荒

随着国际国内影响经济、金融因素的突发和叠加，利率长时期下行趋势预期已经形成，资产荒正加速到来并愈演愈烈，境内风险偏好较高的保险机构可能会配置高收益债，而中低风险偏好的机构迫于负债端成本提升，对高收益债的需求也会增加。同时，保险机构在上一轮经济扩张周期中发行或投资了大量相对较高收益的金融产品，当下普遍面临前期高收益到期产品的再投资压力。此外，未来债市最大的增量资金是外资，境外资金对高收益债的需求也不可忽视。

受以上因素叠加影响，包括高收益债券在内的投资品种，或将成为保险机构当前和更长一段时期内的选择。

（三）违约风险走向风险定价

违约常态化才有真正意义上的市场化风险定价和交易市场。违约回收率是成熟高收益债券市场的一个重要关注指标，是高收益债券估值的核心变量。我国当前违约债券处置市场化程度还有待进一步提高，债券违约处置特点为：一是债券市场整体回收率仅为13.65%。1983~2018年，国际上违约债券回收率均值约为43%，我国回收率远低于全球平均水平。二是平均回收期限为102天，但实际偿付时长差异很大，近半数本息全额偿付发生在一周以内。三是不同属性企业偿付比例差异明显，国有企业兑付水平整体高于民企。从国际情况来看,违约债券回收率主要与发行人所属行业、债项是否有担保、信用等级等因素有较明显的相关性。四是综合类行业、食品加工与肉类行业、煤炭与消费用燃料行业、多领域控股行业的兑付水平较高。五是采取自筹资金方式的回收情况要优于司法诉讼。

统计显示,票面利率7%~7.5%的主体违约率最高,信用风险在票面利率7%以上显著跃升(见表2)。

表2　　　　　　　　发行时票面利率的违约率统计

发行时票面利率(%)	发行规模(亿元)	违约规模(亿元)	违约率(%)
<4.0	101 591.68	18.00	0.02
4.0≤X<4.5	33 924.30	137.00	0.40
4.5≤X<5.0	39 291.59	174.00	0.44
5.0≤X<5.5	29 892.53	241.50	0.81
5.5≤X<6.0	20 599.83	465.20	2.26
6.0≤X<6.5	13 765.27	415.40	3.02
6.5≤X<7.0	13 880.78	488.75	3.52
7.0≤X<7.5	9 379.91	691.16	7.37
7.5≤X<8.0	8 208.82	518.22	6.31
8.0≤X<8.5	2 489.20	160.87	6.46
≥8.5	2 329.50	117.80	5.06

资料来源:Wind和华创证券

二、行业面临的挑战

(一)主动管理能力

投资高收益债券投资需要保险机构人才、经验、体制机制等多方面管理能力快速适应。高收益债价格与外部评级相关性低，对投资机构的信用风险识别能力和信用风险定价能力提出了更高要求，为具备此类能力的管理机构提供了投资机会。

高收益债投资全流程都要具备相当的主动管理能力。从发行人筛选、黑名单制度、财务验证可行、偿债意愿评估，到发债主体、上下游客户和银行的调研确认，再到偿债可能性及方案评估，需要投资人核实真伪、校验信息、寻找隐蔽资产、评估公司偿债计划的可行性，甚至评估实控人的风格和性格、建立可信的跟踪渠道。只有以上主动管理能力的提升，对高收益债券才能有效开展过程控制，以及基于底层资产质量和胜率赔率的长期多次投资，高收益债投资才能走向成熟。

（二）合规门槛

一方面，保险资金属性决定其风险偏好较低，监管亦对债券投资最低评级有准入要求。另一方面，新的监管规章制度下偿付能力对资本占用的合规要求也让大量保险投资机构对高收益债券投资不得不慎之又慎。同时，投资门槛与评级标准的相适性也在考验着不同内控水平的保险投资机构的评级评审能力。

（三）投资高收益债不具有普遍性

从美国经验看，高收益债收益率跌宕起伏、规模大张大缩等，都是建立在财税、货币、产业等制度红利的基础上，适合小部分成功者。当前国内高收益债券市场发展面临诸多挑战，有待培育，尚不适合大规模参与，源于：债券市场违约处置和交易等方面的规则不够健全；债券市场发行端与交易端偏离，难以满足市场风险识别的需求；投资者结构单一，风险偏好一致性较高。

三、保险资金投资高收益债的产品选择

（一）公开市场高收益债券

在合规条件允许的前提下，根据经验积累和信息优势，选择适宜的公开市场高收益债券品种。

（二）资产支持计划等证券化产品

资产支持计划对底层资产进行行业、评级、期限等方面的脱敏处理后，成为标准化金融产品，为不同偏好机构提供适宜选择。这对大量直接参与高收益债券有各种各样挑战的保险投资机构而言为前景广阔的投资蓝海。

（三）债转股等相关产品

高收益债与债转股相结合，无论是先股后债还是先债后股再转让，都是高收益债券投资者参与困境投资、分享政策红利的适宜选择。

四、保险资金投资高收益债的启示

（一）打破刚兑、逐步过渡

目前，央行、证监会、银保监会、各交易所、中央结算公司从保障信息披露及时、全面、准确等入手，为打破刚兑做好制度安排，渐进式推动包括高收益债券在内的债券投资按市场规律运作。

从国际经验来看，欧美高收益债券市场的众多保护性条款对降

低信用风险发挥着关键作用。同时，欧美市场在信息披露、违约后的市场化处置和通过衍生品进行风险管理等方面也积累了一定的成熟经验。新《证券法》在投资者保护与信息披露等方面的完善，将给高收益债券市场的发展带来有利环境。

（二）风险定价、大众常态

风险显性走向常态后，才能出现专业机构的健康成长，进而高收益债回归市场发挥主导作用，有规律可循，大量投资机构参与成为常态。

1. 培育多元化投资者，激发市场活力

当前我国债券市场真正偏好高收益债券的买盘资金量偏小，高收益债券市场活力尚待激发。建议丰富不同风险偏好的投资主体，尤其通过对外开放，借力外资机构的"鲶鱼效应"，进一步提升投资者的风险评估能力，培育多元化市场参与主体，推动高收益债券市场发展。

2. 强化外评机构"看门人"作用，提升市场信用风险识别水平

在违约常态化背景下，市场参与方对评级机构的信用风险识别、预警、监测、防范等方面的需求日益强烈，要求逐渐提升。新《证券法》的出台，进一步强化了评级机构的责任。建议后续进一步加强过程监管，完善对评级机构的市场化评价机制，充分发挥其在信用风险识别及防范中的作用。

3. 逐步打破债券定价"天花板"，提高债券定价市场化水平

建议在有序放开投机级债券发行的同时，逐渐打破债券定价"天花板"，引导债券风险补偿与收益相匹配，提高债券定价市场化水平。

4. 鼓励违约处置创新，提升违约处置效率

国内违约常态化、违约回收率偏低的现状在一定程度上制约了

低资质主体的融资。为缓解这一问题,债券市场先后推出特定债券转让、回售撤销和转售、债券回购、债券置换等违约处置措施。建议不断总结实践经验,同时结合国际经验,鼓励违约处置创新,不断优化债务风险出清,提升违约处置效率。

(三) 先从存量入手,做好保险资产困境投资

经过10多年的快速发展,保险资金投资尤其是各类保险投资计划,无论是存量规模、投资结构,还是评级结果、产品质量等方面,都积累了丰富的经验教训。保险机构关注困境资产特殊机会投资可以以自身存量资产着眼,从解决这些存量资产中的困境资产入手,逐步积累经验。

第四节 小 结

高收益债作为舶来品,有其特定的形成环境,也有普遍适用的内在逻辑。在厘清信用违约原因的基础上,我们结合国内外相关经验,提出困境资产高收益债的投资逻辑:

高收益对应高风险——→高风险对应高违约率——→高违约率(或潜在高违约率)导致陷入困境——→不同情景的困境会有特殊的投资机会,有不同组合的 α 收益和 β 收益——→特殊机会投资可以有主动策略和被动策略以及主动加被动策略——→不同策略下产品各有侧重

伴随信用风险逐渐走向市场化定价,高收益债在困境资产特殊机会投资中发挥的作用也越来越重要。保险资金因其资金性质、监管要求等,在投资高收益债过程中须执行较严的合规风控标准,但更为重要的还是主动投资能力和风控执行力需要提升。

在加强能力建设的同时，我们就保险资金投资高收益债提出以下几点启示：一是完善监管制度将给高收益债券市场带来有利环境；二是整体进度与风险市场化定价进度相适应；三是可先从保险资管自身存量困境资产入手。

参考文献

[1] 曹德云.保险资金参与不良资产处置投资业务、服务实体经济发展［EB/OL］.http：//finance.sina.com.cn/meeting/2017-06-08/doc-ifyfzhac0370938.shtml，2017.

[2] 晨哨并购.全球基金Ⅰ阿波罗资管业务背后的"秘密武器"［EB/OL］.http：//www.morningwhistle.com/da/30876.html，2017.

[3] 高鹏.商业银行不良资产处置的国际比较和借鉴［D］.吉林：吉林大学，2017.

[4] 李慧.日本银行不良资产问题研究［D］.吉林：吉林大学，2012.

[5] 李建辉.论我国国有商业银行不良资产的化解［D］.对外经济贸易大学，2003.

[6] 李茜，金炫杰.保险资金参与市场化债转股研究［J］.中国保险资产管理，2018，（6）.

[7] 李扬，曾刚.中国特殊资产行业发展报告（2020）［M］.北京：社会科学文献出版社，2020.

[8] 吕慧.日本银行业不良资产的处置与启示［J］.新经济，2016.

[9] 罗洪波，夏翰，冯诗杰，饶丽.美国银行业不良资产处置的经验及启示［J］.风险管理，2016（9）.

[10] 清科研究中心.2019年不良资产专题研究报告（研究报

告）．2020．

［11］鼎一投资．海外特殊资产投资三十年纵览（研究报告）．2016．

［12］鼎一投资．心有猛虎，细嗅蔷薇——海外特殊资产投资策略深度研究（研究报告）．2017．

［13］招商证券．歪果仁怎么处置不良资产——不良资产处置专题之二（研究报告）．2016．

［14］华泰证券．顺势而为逆风起舞，看 AMC 逐鹿不良（研究报告）．2016．

［15］中金固定收益组．AMC：不良资产蓝海的领航者——不良资产管理行业信用分析探讨（上），"信用 2020 年行业及违约专题集锦篇"．2020．

［16］中金固定收益组．AMC 行业发行人信用分析——不良资产管理行业信用分析探讨（下），"信用 2020 年行业及违约专题集锦篇"．2020．

［17］中金固定收益组．违约债券如何交易．"信用 2020 年行业及违约专题集锦篇"．2020．

［18］中信证券研究部．2020 年高收益债券面面观．信视角看债．2020．

［19］东方金诚．新证券法助力高收益债券市场发展．债券．2020．

［20］平安证券．我国高收益债资管产品深度分析高收益债券投资系列专题五．2020．

［21］华创证券．高收益债投资实操与展望主题讲座．信用策论讲座第 5 期 2020．

［22］平安证券．特殊资产管理扬帆起航，产业链百舸争流．特殊资产管理行业专题报告．2016．

［23］平安证券．从中美对比展望高收益债投资．高收益债券投资系列专题四．2019．

［24］民生证券．系统性风险的守门人：不良产业全景图．民生宏观专题研究系列 20180422 2018．

［25］Deloitte UK．"Deleveraging Europe 2015–2016"（研究报告）．2016．

［26］Deloitte UK．"Deleveraging Europe 2019"（研究报告）．2019．

［27］Deloitte UK．"Deleveraging Asia 2019"（研究报告）．2019．

［28］Ernst & Young Global．"Management of Non-performing Loans"（研究报告）．2020

［29］Preqin．"Distressed Private Capital Dry Powder Reaches a Record High"（研究报告）．2020．

［30］Lee，Junkyu，and Peter Rosenkranz．"Nonperforming Loans in Asia：Determinants and Macrofinancial Linkages". In Emerging Market Finance：New Challenges and Opportunities. Emerald Publishing Limited，2020．

后　　记

　　刚刚过去的2020年，新冠肺炎疫情改变了经济社会原有的运行轨迹，中国经济经受住了考验并取得正增长，但不难看出，各类困境资产正在不断涌现，处置压力加大。保险资产管理行业审时度势，积极探索更好实践的长期投资、价值投资和责任投资的理念，研究布局困境资产投资领域。对保险行业而言，投资困境资产尚处于起步探索期。本书的成稿，既是保险业集智的过程，也是总结探索的过程。

　　中国保险资产管理业协会（以下简称"协会"）行业发展研究专委会（以下简称"研究专委会"）立足当前、放眼长远，积极组织业内外专家开展保险资金参与困境资产投资课题研究。历经新冠疫情时期的特殊挑战，课题研究工作从没中断，通过线上和线下多种形式的交流讨论、调研座谈，收集了大量案例资料，最大限度地确保了课题的总体质量。在此要特别感谢参与"保险资金参与特殊机会投资"问卷调研的70多家保险机构，其为课题研究提供了第一手数据资料。在组织保险机构实地走访调研过程中，上海文盛、鼎一、湖岸等优秀管理人和吉艾科技等上市公司分享了在困境资产投资领域的实践经验和心得。我们邀请了业内机构进行一对一交流座谈，平安人寿、中英人寿、珠江人寿、横琴人寿、国任财险、华安财保、英大资产、鼎一投资等多家机构积极参与并分享了对困境资产投资的意见和建议；特别是景顺私募资本的资深专家郑杰、国内资深并购专家游念东以及普华永道不良资产领域专家姜昆、李珊等，为课题研究提供了丰富的实践案例和国际研究资料。在此，对以上专家学者和机构深表敬意和谢意。

课题组还得到了协会领导和众多行业专家的支持，特别感谢协会执行副会长兼秘书长曹德云、副秘书长陈国力、秘书长助理兼资深高级专家张坤的战略指导。研究专委会主任委员、中再资产党委书记、总经理于春玲担任本课题组组长，国寿金石投资总裁康乐、中英人寿资产管理中心负责人王楠、大家保险集团王莺、鼎一投资董事长郑华玲、湖岸投资董事长张征等专家，积极参与课题论证策划和质量把关，中再资产投研总监王国言在课题研究写作过程中深度参与组织协调。这些专家领导们的无私付出成就了本书的出版面世，在此一并表示感谢。

学海无涯，研究无境，本书呈现的只是目前的阶段性成果。困境资产投资行业在快速发展，保险资金参与困境资产投资的实践和思考也会不断深化、不断丰富。当前的研究成果只是抛砖引玉，今后，我们还将配合起草《保险资金参与困境资产投资指引》工作，为监管政策进一步优化完善提供研究支持，希望能对助推业界创新探索尽绵薄之力，也期待今后有更多优秀研究成果涌现，共同推动保险资金与困境资产投资的创新发展与合作共赢。

"保险资金参与困境资产投资研究"课题组
2021年3月